삶에 대한 근본 질문

-철학과 종교의 사이에서 삶의 길을 묻다-

Fundamental Ends of Life

루푸스 엠 존스(Rufus M. Jones) 저

서병창 역

지 샘

삶에 대한 근본 질문
-철학과 종교의 사이에서 삶의 길을 묻다-
Fundamental Ends of Life

인 쇄 ‖ 2021.12.10.

발 행 ‖ 2021.12.13.

저 자 ‖ 루푸스 엠 존스(Rufus M. Jones)

역 자 ‖ 서병창

발행인 ‖ 김종호

발행처 ‖ 지샘출판사

　　　　서울특별시 노원구 석계로 15길 25, 101-1103

　　　　TEL: 02) 461-5858

　　　　FAX: 02) 461-4700

출판등록 ‖ 제4-393호

ISBN ‖ 978-89-94534-25-1

정 가 ‖ 16,000원

FUNDAMENTAL ENDS
OF LIFE

BY

RUFUS M. JONES, Litt.D., LL.D.

PROFESSOR OF PHILOSOPHY IN HAVERFORD COLLEGE

New York

THE MACMILLAN COMPANY

1925

사람은 무엇을 바라며 어떻게 살아야 하는가? 사람이 사람으로서 살아가는 한 결코 피할 수 없는 물음이다. 그런데 사람은 모두 행복을 추구한다. 행복을 추구하지 않는 사람은 아무도 없다. 아리스토텔레스가 주장했던 말이지만, 보통 사람들은 이 말을 당연한 것으로 받아들이고 살아간다. 그러나 누구는 돈을, 어떤 사람은 명예를, 또 다른 사람은 전문 분야의 업적을, 아니면 자식의 성공을 행복으로 삼기도 한다. 이럴 경우 각자가 추구하는 행복은 사람마다 다르게 되어 상대적인 특성을 갖게 된다. 누구나 행복을 추구하지만 무엇을 통해 행복감을 얻느냐는 모두 다를 수 있다. 이럴 때 행복은 상대적이고 주관적 만족이나 쾌락을 추구하는 것이라고 하겠다.

과연 사람이 객관적 행복을 추구할 수 있는가? 객관적 행복이 있다면 행복감이나 주관적 만족, 쾌락을 통해 얻는 것은 아니다. 어떻게 해야 사람이 객관적이고 참된 행복을 얻을 수 있는가? 만약 사람이 객관적으로 추구해야 할 목적이 있다면, 이런 목적을 실현하는 것이 곧 객관적 행복을 이루는 길일 것이다. 그러한 목적은 무엇인가? 이런 물음에 여러 가지 방식으로 대답할 수 있겠지만 한 가지 방법이 사람의 본성을 인정하는 것이다. 사람한테 사람으로서의 본성이 있다. 사람인 이상 모두가 신체를 가지고 있고 정신도 있다. 사람의 목적은 이러한 사람의 본성을 실현하는 것이다. 사람은 신체를 건강하게 하고 정신을 건강하게 만들어야 한다. 사람은 건강한 신체를 갖고 건전한 정신을 가져서 정신적 가치를 실현해야 한다.

우선 몸이 건강해야 행복할 수 있다. 그러나 건강한 몸이 행복하게 사는 데 필요조건이기는 하지만 충분조건은 아니다. 사람이 몸만 건강하다고 해서 자신의 본성을 온전히 실현한다고 볼 수 없기 때문이다. 그리고 자기 신체 건강과 보존은 그 자체로 절대적 가치라고 할 수 없다. 더 중요한 가치를 위해서 신체를 희생하는 경우도 있기 때문이다. 역사적 위인들은 자기 목숨을 바쳐 이웃과 조국을 구하기도 한다. 그래서 신체보다 정신적 가치를 추구하는 것이 사람이 추구해야 할 절대적이고 궁극적 목적이라고 할 수 있다. 이 책에서 저자 역시 사람이 추구하는 궁극 목적은 사실의 차원이 아니라 이상적인 정신적 가치에 있다고 주장한다.

이런 입장에 따르면 사람은 건전한 정신을 갖고 정신적 가치를 추구해야 한다는 것이다. 이런 정신적 가치가 있는가? 사람이 이런 정신적 가치를 어떻게 획득할 수 있는가? 사람은 정신적 가치로서 진·선·미·성(聖)을 추구한다. 과연 사람이 추구해야 할 객관적인 정신적 가치가 실재하는가? 이 물음에 대한 해명은 플라톤의 이데아를 통해서 이루어질 것이다. 저자는 제2장에서 플라톤의 이데아론을 설명하는데, 이런 정신적 가치가 실제적이고 사람이 이런 실재를 파악할 수 있다고 본다.

플라톤이 보는 현상계는 변화의 세계다. 현상계의 변하는 사물은 어느 순간도 고정되지 않고 이것에서 이것 아닌 것으로 변하고 있다. 만약 그렇다면 현상계의 사물에 대한 어떤 규정도 규정으로서 성립하지 못하게 된다. 예를 들어 나뭇잎의 색깔이 '녹색'이라고 할 때 실제 나뭇잎은 '녹색'에서 다른 색으로 변하는 과정에 있기 때문에 그런 규정이 옳다고 할 수 없다. 결과적으로 그 나뭇잎의 색깔은 '녹색이면서 녹색 아닌 것'이 되어 버린다. 이렇게 변하는 세계에서는 어떤 객관적 규정이 성립할 수 없고, 모든 규정은 부정을 수반하게 된다. 이런 객관적 규정이 성립하기 위해서는 변하는 현상계의 차원을 넘어서 있는 그 자체 자기 동일성을 갖는 불변적 이데아가 있어야 한다. 이렇게 '녹색의 이데아'가 등장한다. 현상계의 모든 녹색들은 자기 자신들은 변하고 있지만 녹색의 이데아에 참여한다는 점에서 변하지 않을 때 녹색이라는 규정을 가질 수 있다. 결국 객관적 진리는 이데아를 파악할 때 획득되는 것이다. 이런 이데아는 물리적 성질뿐 아니라 수학적 대상에도 적용되며, 윤리적 실천적 덕목에도 적용되며, 존재와 하나, 진리와 선과 같은 가장 보편적인 개념들에게도 해당될 것이다.

플라톤의 이데아론과 그리스도교의 예수와 하느님에게서 사람이 추구하는 불변의 진리와 궁극적 목적이 있다는 것을 확인할 수 있다. 여럿의 이데아의 세계와 한 분 하느님이 어떻게 통합되는지는 간단한 문제가 아니다. 그러나 각각의 이데아 역시 여럿의 이데아인 한에서 자기 근거를 자기 안에 갖지 못한다. 여럿의 이데아는 궁극적 일자에 의존할 수밖에 없다. 이러한 일자가 그리스도교에서 신앙의 대상이 되는 창조주 하느님이다. 이런 하느님이 사람이 추구해야 하는 궁극적 목적이 되고, 그리스도교는 예수 그리스도의 도움으로 하느님을 궁극 목적으로 추구하는 삶을 살아야 한다고 말한다. 저자는 제3장에서 이런 핵심 내용을 설명한다. 마치 플라톤이 전생에서 본 아름다움의 이데아를 다시 구현하는 것을 궁극 목적으로 삼는 것과 같다. 물론 그리스 철학에서는 전생의 경험과 자기 의지에 따른 노력으로 이런 궁극적 완성에 이를 수 있다고 한다. 이에 반해 그리스도교에서는 은총으로 하느님과 하나 되는 차원에 이를 수 있다고 본다. 그리스도교에서 오직 은총이라고 하지만 사람이 얼마만큼 자유의지를 행사할 수 있는지는 논란이 될 수 있다.

저자는 제4장에서 다루는 칸트의 인식론에서 자아가 자발적 구성활동을 하여 올바른 판단을 내린다는 것을 높이 평가한다. 시공간의 형식을 통해 들어온 감각자료에 오성이 범주를 적용하여 자연의 세계를 구성한다. 이런 칸트의 인식론에서 자아는 자연의 입법자라는 지위를 갖게 된다. 그러나 칸트가 제시한 현상계로서의 자연은 인과 필연의 법칙이나 실체와 우유의 속성을 지니지만 선과 아름다움, 성스러움이 있는 세계가 아니다. 칸트는 이러한 세계를 현상계와 다른 차원으로 인간 이성의 형이상학적 충동에 따른 물자체라는 이념계의 영역으로 간주한다. 인간 이성에 의해서 객관적 실재로 인식할 수 없는 차원에서 목적의 왕국이나 미학의 세계, 신앙 차원의 종교의 세계가 펼쳐진다. 이런 세계는 이성이 객관적 실재로 인식할 수 없는, 학문적 탐구 대상이 될 수 없는 이성이 이율배반에 빠지게 되는 물자체의 영역이다. 이런 이념의 세계는 긍정적 주장이나 부정적 주장 모두 학문적으로 증명할 수 없기 때문에 필연적 법칙을 다루는 학문과 다른 차원에서 수용할 수 있다고 본다. 그래서 칸트에서 실천이성에 따른 윤리학의 영역, 신앙에 따른 종교의 영역, 미적 감수성과 판단력에 따른 미학의 영역이 각각 별개의 차원에서 성립한다.

　저자는 칸트처럼 요청으로 이루어지는 목적의 왕국이 나름대로 의미가 있지만 적극적이지 못하고 한계가 크다고 간주한다. 이 세상에 인간 이성이 객관적으로 파악할 수 있는 실재로서 진리와 선의 세계가 있다고 본다. 인간 이성은 이런 진리를 파악하고 선을 파악해서 실천할 수 있다는 것이다. 문제는 이런 객관적 진리와 선의 실재를 이성이 어떻게 파악할 수 있는가이다. 이에 대한 근거 제시를 위해서 저자는 사실과 가치를 구분한다. 정상적인 사람들이면 누구나 받아들일 수 있는 물질적 사실이 실제적이라는 것을 인정한다. 어떤 사실이 실제적이냐 아니냐를 증명하는 여러 가지 방법이나 도구들을 받아들인다. 그런데 이런 사실의 차원이 실제적일 뿐 아니라 가치의 차원도 실제적이라는 것이다. 누구나 인정할 수 있는 물질적 사실뿐 아니라 진리를 근거 짓는 원리나 기준, 본질로 이루어진 이상적 가치도 실제적이라는 것이다.

제6장에서 저자는 누구나 인정할 수 있는 사실의 영역을 인정하면서 왜 우리가 물질적 사실과 구분되는 이상과 가치의 세계를 인정할 수밖에 없는지를 해명한다. 예를 들어 우리가 칠판에 그려진 '원'을 볼 때 눈으로 보는 '원'은 물질적 사실이라고 할 수 있다. 웬만한 착각의 상황이 아니라면 칠판에 원이 그려져 있다는 것을 부정할 수 없다. 그런데 눈에 보이는 원만 있는 것이 아니다. 그 원을 매개로 해서 원의 본질을 파악할 수 있다. 원의 본질이나 이데아는 가시적 원과는 달리 이상적 성질을 가지고 있다. 이런 이상적 실재를 인간 이성은 파악할 수 있다는 것이다. 이런 이상적 실재를 인정했을 때 인간은 필연적 진리를 파악할 수 있다. 여기서 더 나아가서 이런 이상적 실재를 파악하지 않고서는 사실에 대한 규정도 불가능하다. 이런 입장에 따르면 사실보다 더 실제적인 이상적 실재가 존재하고, 이런 실재를 파악하지 않고서는 사실에 대한 규정이나 해석도 불가능하다.

이점은 원의 본질에만 해당하는 것이 아니라 존재, 하나와 같은 다른 보편적 원리에도 적용된다. 내 친구 홍길동이 여러 가지로 변하면서도 같은 홍길동이라고 할 때 이것을 근거 짓는 원리는 '하나'와 같은 동일성이라는 원리다. 이런 동일성이라는 원리를 따르지 않고서는 홍길동이 같은 홍길동으로 존재할 수 없고, 같은 홍길동으로 파악할 수도 없다. 이런 점에서 홍길동이라는 사람이 변하면서도 같은 홍길동으로 지속한다는 사실을 파악하기 하기 위해서는 동일성이라는 보편적 원리를 인정할 수밖에 없을 것이다. 이렇게 경험에서 알게 되는 사실을 근거 짓기 위해서는 이성적으로 파악하는 보편적 원리가 실제적이라는 것을 인정해야 한다.

이런 진리의 차원에 있는 원리만이 아니라 선이나 아름다움의 원리도 있다. 사람의 행동을 선악으로 구분 지을 수 있는 객관적 기준이나 원리가 있는가? 어떤 경우도 선이기 위해서는 갖춰야 할 조건이 있다. 이런 조건은 가변적인 사실의 영역이 아니다. 전통적인 선 개념에 따르면 선은 존재의 실현이다. 사람한테도 선이란 본성의 실현이다. 이 중 신체적 본성의 실현은 선이면서도 경우에 따라서 다른 사람의 선과 대립될 수 있다. 이에 반해 정신적 본성의 실현은 이런 대립을 넘어서 그 자체로 궁극 목적의 실현으로서 선이다. 이러한 선은 그 자체로 변할 수 없는 불변의 원리다. 특히 도덕적 선은 이웃의 자기실현을 위해 도움을 주는 것이다. 이성은 이런 선을 깨닫고 실천할 수 있다는 것이다. 사람은 이성으로 선을 파악하고 자유의지로 실천 여부를 결정할 수 있다. 이성과 의지를 갖는 사람이 추구하는 가치의 세계는 곧 필연적 인과결정론을 따르지 않는 자유의 세계다.

　사람은 과거를 반성해서 미래에 실현될 목표를 설정해서 달성하기 위해 노력한다. 기존의 사실에만 매이지 않고 현재 존재하지 않는 것을 창조한다는 점에서 이미 가치의 세계에 들어선 것이다. 이러한 목적은 사람의 주관적 상상물에 그치는 것이 아니라 객관적 실재로서 이상적 가치를 반영한다. 사람은 이상적 가치를 반영해서 자신에게 부합하는 목적을 자유롭게 선택해서 추구한다는 점에서 제한된 범위에서 활동하는 자유로운 창조자이다. 이렇게 저자는 플라톤에서 이상적 실재를 가져오고 칸트로부터 이런 실재를 이 세상에서 자발적으로 구현하는 능력을 가져온다. 이런 이상적 실재가 플라톤 이데아처럼 객관적으로 있고 이런 이데아를 기준으로 해서 인간 이성이 자발적으로 정신적 가치를 경험하고 구현한다.

　저자는 이런 이유뿐 아니라 사실을 계량화된 법칙으로 해명하는 것과는 다른 차원의 경험이 이루어진다는 점을 들어 가치의 세계를 인정한다. 진·선·미와 같은 경험들은 양적으로 규정될 수 없는 고유한 의미를 갖는다. 이런 경험들까지 양적 규정으로 환원하려고 한다면 어떤 의미도 확보할 수 없을 것이다. 종교적 체험도 마찬가지인데 그러한 체험을 과학에서 사용하는 추상적이고 일반적인 개념으로 환원해서 심리적 현상으로 규정하려고 한다면 그 본래적 의미를 상실하게 된다. 이런 점에서 사실과 다른 차원으로서 가치의 영역이 있다는 것이다.

사람은 이런 이상적 가치를 추구할 수 있으며, 이런 가치를 실현하는 데서 참된 행복을 누릴 수 있다. 이렇게 사실과 구분되는 가치의 차원이 인정된다면 이런 모든 가치를 통일하고 근거 짓는 궁극적 원리에 대한 물음이 제기된다. 이런 가치들이 자존적이지 못하기 때문에 여럿의 이념들을 근거 짓는 하나의 원천이 존재해야 한다. 이런 존재가 신일 수밖에 없다. 이런 맥락에서 종교는 신과 하나 됨을 추구하는 것이며, 신의 뜻을 따르는 것이다. 이런 점에서 종교의 참된 목적은 객관적 진리와 가치를 추구하는 것이며 궁극적으로 신과 하나 되는 것이다.

이 세상에서 끊임없이 궁극 목적을 갈망하고 준비하는 사람에게 신과 하나 되는 체험이 주어진다. 저자는 신비주의를 제5장에서 자세히 설명한다. 이런 체험이 모든 종교의 원천이 된다. 그런데 이런 체험은 그만큼 준비하는 사람에게 주어지며, 일상적 삶에 활기와 에너지를 준다. 그리고 아주 중요한 것은 이런 체험의 결과가 객관적 가치의 추구로 나타난다는 것이다. 신과 하나 되는 신비체험은 신비적 황홀 상태만이 아니라 어떤 어려운 고난 속에서도 객관적 가치를 추구할 수 있는 힘과 용기를 준다는 것이다. 그런 신비한 체험이 자기 암시나 착각이 아니라 진정한 궁극적 실재와 만난 것이라면 신의 뜻을 실천하는 힘으로 나타난다는 것이다. 이렇게 저자는 일상적으로 참된 가치를 추구하는 것과 신과 하나 되는 신비체험을 아주 다른 차원으로 분리시키지 않는다. 양자의 경험이나 행동은 분명히 구분되지만 아주 분리되는 것이 아니다. 일상적인 도덕적 실천 노력이 그런 신비체험을 준비하는 과정이 되면서, 그런 신비체험이 또한 일상적인 도덕적 실천 능력을 고양시킨다.

사람이 이성적으로 신의 본질을 파악할 수 있는 것은 아니다. 그러나 이성이 모든 이상적 가치를 근거 짓는 궁극적 완전자로서 신의 존재를 인정할 수 있다. 이런 신과 하나 됨이나 직접적 만남은 사람의 힘만으로 이루어지는 것은 아니다. 그러나 그런 만남을 위한 준비와 노력은 가능하다. 그러한 노력은 신의 뜻을 따르며 실천하는 것이다. 신앙과 도덕적 실천이 모두 해당된다. 그리고 신을 만나는 신비적 체험도 그 결과가 신앙과 도덕적 실천으로 나타난다.

저자는 신비주의에서는 정신적 가치뿐 아니라 영혼의 본성과 능력을 탐구하고 신과 하나 되는 체험을 추구한다고 한다. 사람이 이성적 능력으로 진·선·미라는 정신적 가치를 추구하고 영혼의 본성을 탐구하는 것은 전통 철학의 과제로 주어진 것이다. 여기에 신과 하나 됨은 이성과 철학의 차원을 넘어선 것이다. 저자는 이런 체험이 사람을 궁극 목적과 행복으로 인도하는 것이라고 본다. 그리고 이런 체험은 사람 자신의 노력만으로 이루어지지 못하고 신의 도움을 통해서 이루어진다고 본다. 그러면서도 사람의 노력이 이런 체험을 가질 수 있는 계기가 된다는 점을 결코 무시하지 않는다. 사람의 끊임없는 노력과 함께 신의 은총이 주어져서 그런 체험이 가능하다는 것이다.

이런 차원에서는 철학과 종교가 구분되면서도 종합된다. 이성과 신앙이 구분되면서도 종합된다. 사실과 가치가 구분되면서 가치나 이상적 실재가 사실을 규정하는 근거가 된다. 이성에 의해서 완전히 설명할 수 없는 신비적 체험도 정신적 가치의 추구로 나타난다는 점에서 비이성적이 아니다. 신비적 체험이 완전히 이성이 이해할 수 없는 완벽한 무지의 상태도 아니다. 다분히 착각이나 환상이라는 것과 신비적 체험을 구분할 수 있다.

저자가 구분하면서도 종합하려는 것은 사실과 가치의 영역뿐 아니라 본능과 이성, 이차적 목적과 일차적 근본 목적도 있다. 사람에게 현실적으로 작동하는 본능과 충동, 욕구 등을 인정한다. 이 세상 사람들이 대부분 추구하는 여러 가지 생존과 생존 수단의 확보, 돈과 명예 등을 부정하지 않는다. 그러나 이런 동인(spring)이 기능하고 누구나 이차 목적을 추구하지만 이들이 최종적인 목적은 아니라는 것이다.

사람이 부정할 수 없는 여러 본능이 있다. 사람은 욕구나 충동에서 벗어나기도 어렵다. 식욕이나 성욕뿐 아니라 명예욕이나 권력을 추구한다. 물론 널리 쾌락을 추구한다. 이뿐 아니라 모방이나 동정심, 경외심 등도 있다. 이런 본능이나 충동, 욕구 등과 같은 동인들이 인간 행동에 적극적으로 기능한다, 물론 경우에 따라서 여러 부작용을 낳기도 한다. 이런 동인들이 사람이 추구하는 최종적 목적은 아니다. 저자는 제1장에서 이점을 특히 강조한다. 이런 동인들이 그자체로 작용하기도 하지만, 사람이 추구하는 상위의 목적이나 가치에 따라 조절되고 통제될 수 있다는 것이다. 쾌락 역시 그 자체 목적이 아니기 때문에 더 중요한 가치에 의해 제한되고 통제될 수 있다. 이렇게 본다면 이런 동인들은 이성이 제시하는 상위의 가치에 종속되어야 한다. 이러한 본능이나 충동을 그자체로 인정하면서도 이성에 의해서 통제되고 조절될 수 있어야 한다는 것이다.

이차적 목적, 근접적 목적도 마찬가지다. 사람은 생존만큼 중요한 것은 없기 때문에 당장에 생존에 필요한 것을 구해야만 한다. 그렇다고 생존을 위해 필요한 도구적 가치들이 그 자체로 목적이 되어서는 안 된다. 돈과 명예와 교환이나 과학적 지식이 사람이 살아가는 데 필수적 조건이지만 그 자체 목적이라고 할 수 없다. 이들은 그 자체 목적을 위해서 조절되고 통제되어야 한다. 재화나 사회제도나 규범들도 그

자체 가치가 있는 것이 아니라 사람이 추구하는 궁극 목적에 부합할 때 비로소 의미가 있는 것이다. 사람의 본성 실현, 정신적 가치의 완성이 사람의 궁극 목적이라고 할 수 있다.

이 책에서는 목적의 근거로서 플라톤의 이데아론을, 정신적 가치를 자율적으로 추구하는 이성능력의 근거로서 칸트의 이성개념을 제시한다. 이렇게 플라톤을 다루는 제2장과 칸트를 다루는 제4장은 쉽게 이해하기 어려운 철학적 개념을 사용하게 된다. 독자들께서 이 부분이 바로 파악되지 않는다고 너무 실망하지 않았으면 한다. 사람이 근본목적을 추구하는 삶을 살아야 한다는 본래의 취지가 중요하기 때문이다. 플라톤과 칸트의 이론은 이런 취지를 뒷받침하는 보조적인 역할을 하기 때문이다. 이 책을 읽는 과정에서 2, 4장을 건너뛰어도 중심 취지를 이해하는 데 큰 문제가 없을 것 같다.

이 책은 자본주의적 물질적 욕구에 사로잡혀서 무한한 쾌락을 추구하지만 만족하지 못하고 방황하는 현대인들에게 사람의 근본 목적에 따른 참된 행복이 무엇인지 다시 반성할 수 있는 계기가 될 것이다. 누멘출판사 고명진 사장님이 이런 좋은 책을 추천해주셨다. 그리고 어려운 출판 여건 속에서도 올바른 가치를 추구하는 책이 독자들을 찾아가야 한다는 남다른 신념을 가진 지샘출판사의 김종호 사장님이 아니었다면 이 책은 출판될 수 없었을 것이다. 그리고 가톨릭대학교 철학문헌강독 강의에 참여한 학생들이 함께 열심히 읽어준 덕분에 번역을 원활하게 진행할 수 있었다. 특히 오랜 친구이며 역사를 가르친, 독실한 기독교 신앙인인 윤여만 선생님께서 2020년 겨울에 원본과 씨름하면서 치밀하게 원고를 검토해주어서 많은 오역을 바로잡을 수 있었다. 올해에도 출판사 교열까지 마친 후에 다시 최종 점검을 부탁했는데 기꺼이 맡아서 전체 맥락에 맞는 번역과 자연스런 우리말을 찾아

숙고를 거듭하며 수정해주었다. 두 해에 걸쳐 이 책에 애정을 쏟으면서 우리 시대 교양인들이 반드시 읽어야 하는 책이라는 확신을 심어주었다. 이 책을 탄생시키는데 역자 이상으로 공헌한 윤여만 선생님께 무어라 감사말씀을 드려야 할지 모르겠다. 또한 플로티노스를 전공한 조규홍 선생님께서 번역 초고를 세심하게 수정해주신데 대해, 이 자리를 빌려 감사 말씀을 드린다. 언제나 따뜻한 격려를 아끼지 않은 내 인생의 동반자 이경화에게, 적절한 표현을 찾지 못해 고민할 때마다 해결사가 되어준 딸에게도, 컴퓨터 작업을 할 때마다 문서 정리에 나서준 아들에게도 고맙다는 말을 전하고 싶다.

서론

이 세계는 고통과 혼란의 시기를 거쳐 왔고, 아직도 겪고 있다. 우리가 이해할 수 없는 질병이 인간 사회에 깊게 자리 잡고 넓게 깔려있는데, 어느 누구도 이 질병을 제대로 진단하고 효과적인 치료법을 발견하지 못하는 것 같다. 사람들은 이 사실을 희미하거나 또는 분명히 알고 있다. 이런 시대적 문제에 매달리는 사람들은 모두 여러 조각의 퍼즐을 잃어버려 그 퍼즐을 완성할 수 없는데도 그 사실을 모른 채로 그 퍼즐을 맞추려고 한다.

가장 큰 어려움은, 이 문제가 정치·경제적 차원보다 깊어서 그 해결책 역시 더 깊을 수밖에 없는데도 사람들은 여전히 정치 · 경제적 해결책을 찾고 있다는 점이다. 옛날 바빌로니아 사람들이 자신들의 내적 본성에서 문명을 이룬 것처럼 우리 역시 야망, 이기심, 두려움, 증오, 의심, 탐욕, 적대감으로 혼란스러운 세계를 이뤄 왔다. 만약 우리가 세계를 재건한다면 무엇보다 먼저 우리의 내적 정신(spirit)을 바로 잡는 데서 세계를 세우기 시작해야 한다. 가장 중요한 첫째 단계는 신과 인간에 대한 건전한 믿음을 내적으로 형성하는 것이며, 사용 가능한 정신적 자원을 확실히 이해하는 것이며, 생명과 사랑의 조용한 치유력을 아주 깊게 확신하는 것이다. 우리는 방황하는 광야에서 벗어나는 길을 잘못된 곳에서 찾고 있었다. 우리는 소유물, 재산, 경제 자산에 대한 욕구가 아주 크게 강화된 것을 여러 가지로 목격하고 있다. 만약 쾌락을 얻을 수만 있다면 마치 모든 것을 정당화하고 견딜 수 있는 것처럼, 우리는 거의 모든 곳에서 쾌락에 대한 열망에 차있는 것을 본다. 쾌락을 그렇게 미친 듯이 갈구하는 것은 의심의 여지없이 전란(戰亂)의 시대에 견딜 수 없는 긴장에서 비롯된 일종의 자연스런 반응이요, 골고다 세계의 끔찍한 기억과 고통에서 벗어나기를 희망하는 구원의 한 방식이다. 그러나 쾌락은 아무런 해결책도 제공하지 않는다. 쾌락은 올바른 길이 아닐뿐더러 우리를 막다른 골목으로 인도할 뿐이다.

다른 한편으로 많은 사람들이 과학을 유일한 구원의 방편이라고 여긴다. 우리는 지식의 중심 추를 써서 지식의 심층으로 더 깊이 내려가야 하고, 자연을 더 넓게 정복하고 물질적 힘을 사용하는 능력을 늘려야 한다. 그러나 실제로 곤란한 점은 자연적 힘을 지배해서 잘못된 목적에 사용하는 것이며, 과학적 정복의 확장만으로는 더 나은 세계를 이룰 수 없다는 것이다. 우리가 삶에 대한 더 풍부한 의미를 갖는 비전에 열려있지 못하거나 더 고상한 의도와 더 나은 마음을 가진 참된 인간이 될 수 있는 능력을 발견할 수 없다면 그렇게 되고 말 것이다.

이 책은 바로 이러한 근본 문제를 다루고자 한다. 이 책은 금욕주의를 추천하지도 않고, 과학을 깎아내리지도 않는다. 그러나 이 책은 쾌락주의와 과학이 인간의 핵심적인 비밀의 문을 열 수 있는 열쇠일 수 없다는 점을 보여주려고 한다. 이 책은 이 중에 가장 심각한 물음 몇 가지를 제기하고 답하려고 노력할 것이다. 예컨대 우리는 무엇을 원하는가? 왜 우리는 그것을 원하는가? 삶은 무엇을 의미하는가? 우리는 어떻게 영원성에 몰두하는 이런 낯선 존재가 되었는가? 나는 이 책에서 우리 안의 내적 삶에 대한 한층 진지한 숙고를 요구할 것이며, 우리에게 삶의 정신적 원천과 심각한 상처를 치유할 수 있는 심오한 힘을 가리키는 단서와 암시가 목격된다는 것을 확신한다.

이 책은 오버린(Oberlin) 대학 신학대학원의 해스킬(Haskell) 재단과 예일(Yale) 신학교 나타니엘 테일러(Nathaniel W. Taylor) 재단에서 주최한 강의 과정의 산물이다. 두 기관이 나를 거의 동시에 초대했을 때, 나는 그 당시 일어난 끔찍한 교통사고로 몸이 망가지고 무기력한 상태로 누워있었다. 뼈가 부러지고, 인대가 파열되었으며, 근육에 멍이 들고 살이 찢어져서 고통스러웠다. 강의할 시간이 되었을 때 온전히 회복할 것이라는 확신이 없었지만 적어도 내 발로 서서 목소리를 낼 수 있으리라는 희망으로 그 강의를 수락했다. 그러나 몇 날, 몇 주가 지나가고, 그 사이 조용하고 은밀하게 생명의 치유능력이 작동했다. 뼈는 붙었고, 인대는 이전처럼 결합되었고, 찢어진 살도 생기 있고 매끄럽게 맞추어졌고, 모든 예전의 기능이, 마치 봄날의 힘이 겨울의 파괴 이후에 세계의 영광을 복원하는 것처럼 성공적으로 회복되었다. 나는, 이 세계의 깊고 비극적인 상처에 대해서도 유사한 치유능력이 있다고 믿는다. 나는 이 작은 책이 독자들로 하여금 그것들이 어디에 있고 어떻게 유용하게 작용할 수 있는지를 발견하는 데 도움이 되기를 희망한다.

나는 2월에 오버린에서 6개의 강의를 했고 두 관계기관이 허락해서 4월에 그 가운데 4개 강의를(1, 3, 5, 6장) 예일 신학교에서 했다. 이 책에서는 두 곳의 청중에게 한 강의보다 내용이 많이 늘어났다. 나는 위에서 언급한 두 대학교에서 운 좋게 만난 청중들이 보여준 관심과 평가를 독자들도 공감할 수 있다면 기쁠 것이다.

1924년 5월 1일
펜실베이니아 주, 하버포드(Haverford, Pennsylvania)
하버포드 대학에서

목차

제1장
삶의 근본 목적을 향한 탐구

1

누구나 묻고 답하려는 가장 깊이 있는 질문은 "나는 무엇을 원하는가? 내 삶을 무엇에 기댈 것인가?"이다. 대부분의 사람들은 별 생각 없이 묻고 답을 내려서 그 질문의 깊은 의미와 중요성을 충분히 깨닫지 못한다. 윌리엄 제임스(William James)가 말하듯, 우리는 일반적으로 그 질문에 "바보 같이 동의"해서 대답한다. 그러나 이 문제를 바로 보고 탐구하는 사람들에게는, 내가 다른 것보다 더 원하는 것이 과연 무엇일까? 라는 질문이 삶만큼이나 그 의미가 깊어서 이 질문에 답하기가 아주 어렵다. 이 질문은 모든 삶의 경쟁들을 가장 높게 끌어올리고, 충실성(loyalty)에 대한 모든 의무를 따르도록 하며, 삶의 모든 광범위한 쟁점을 형성하는 데 중대한 선택에 직면하게 한다. 만약 우리가 한 가지 압도적인 본능의 추진력에 지배되는 개미나 벌처럼 만들어졌다면, 마치 물질로 가득 찬 세계에서 모든 흩어지는 힘과 바깥에서 이끄는 힘 가운데서 구심력을 갖는 플레이아데스(Pleiades) 성단과 오리온(Orion) 자리처럼 만들어졌다면, 무엇이 최고선이며 무엇을 붙잡을지 선택하는 데서 오는, 이런 값비싼 결정을 내리는 데서 생기는 고통과 위험에서 벗어날 수 있을 것이다. 그러나 우리는 온갖 풍부한 본능에 더해진 이성적 통찰로 스스로 결심하고 *자신이 원하는 것을 결정함*으로써 자신의 운명을 정하는 다른 종으로서 창조되었다.

이 세상의 많은 사람들이 이런 중요한 문제에 많은 시간을 쓰지 않는 것을 인정해야만 한다. 사람들은 이에 대해 거의 생각하지 않는다. 그들은 벌과 개미의 본능적인 반응에 가깝게 접근하고, 마치 자신들의 주된 욕구가 자신들을 위해 행해진 것처럼, 모두 정해져 있는 *주된 욕구*를 가진 자신들을 깨닫게 된다. 그들은 인생을 어떻게 설계할 것인가, 무엇을 위해 살 것인가, 왜 다른 것이 아닌 이것을 선택해야 하는가 등을 발견하는 마음의 심오한 탐색을 깨닫지 못하고 그저 끌리는 어떤 것들을 추구할 뿐이다. 우리가 "어디로?", "왜?"라는 질문으로 그들을 닦달하면, 그들은 "그렇지 않으면 어떻게?" 라고 되묻곤 한다. 각자는 일들이 벌어지고, 길은 이미 나 있으며, 전시장이 세워져 있으며, 삶은 걱정의 연속인 세상에 오는데, 우세한 흐름에 따라 방향이 형성되고 종착지가 결정되기 쉽다. 사람은 타성적으로 살기 위해 산다! 메인(Maine)주 숲에서 벌목한 통나무가 케네벡(Kennebec) 강의 흐름을 따라 그저 앞으로 흘러가듯, 많은 사람들이 삶의 어떤 경로를 따라 움직이는 자기 자신을 발견한다. 이런 사람과 통나무는 둘 다 자율성을 발휘하지 않으며 그 어느 쪽도 모험이 따르는 항해의 선장이라고 할 수 없다.

차이가 극명하고 절대적이지는 않지만, 두 가지 유형의 사람이 있는 것 같다. 한 유형은 궁극적이고 근원적인 삶의 목적에 관심이 있는 사람이고, 다른 유형은 이차적이고 부수적인 목표에 만족하는 사람이다. 이러한 부수적이고 이차적인 목표는 다소 본능 욕구와 밀접하게 연결되어 있고 생존과 직접적으로 관련되어 있어서 모든 평범한 사람들을 매혹시킨다. 그러나 낮은 부류의 것들에 우리의 노력을 제한할 수 없는 일부의 사람들도 있다. 이들은 사실 우리의 "욕구"를 완전히 다른 수준으로 올려놓는 지배적인 삶의 근본 목적을 보기까지는 옳게 산다고 할 수 없는 사람들이다. 세상에는 우리의 생존에 도움이 되거나 눈에 보이는 자산을 증식시키기 때문이 아니라, 그 자체로 가치를 부여하는 어떤 것들이 있다. 이것이 바로 내가 의미하는 *근본 목적*이다. 우리는 다수의 것들을 외적 용도에 따라 설명할 수 있다. 하지만 우리가 가치를 부여하는 소수의 것들도 있는데, 그것들이 좋은 수단을 제공하기 때문이 아니라 그 자체로 충분한 목적이 되어 우리를 내적으로 더 나은 사람이 되게끔 하기 때문이다. 근본 목적이 우리를 시간적으로 더 오래 살게 하거나 공간적으로 더 빠르게 이동하게 할 수는 없을지라도, 우리 *자신에 대한 온전한 탐구*라는 주요한 과제를 달성할 수 있도록 돕는다.

삶의 근본 목적을 더 실제적이고, 생생하며, 흥미 있게 만드는데 성공해서, 우리가 추구하는 목록의 첫 번째 순위에 올릴 수 있다면, 삶을 하나부터 열까지 완전히 바꾸고 변화시켜야 한다. 우리가 그렇게 할 때까지는 훌륭한 교육 문화를 획득할 수 없을 것이다. 현재 우리는 학교와 대학에서 요란하게 이목을 끄는 무수히 많은 이차적인 목적을 위해 젊은이들을 훈련시키느라 바쁜 시간을 보내며, 이 일을 꽤 잘 수행한다. 우리는 실용적이고 효율적이며, 빠르고, 준비된, 열성적이고, 숙련되며, 성공적인 인간들을 만들어낸다. 그러나 그들 중 다수는 바라고 원하는 일차적인 근본 목적이 있는지 거의 듣지 못했다. 적어도 근본 목적이 언급된다면 경건한 경구의 형태에서 신비적 암시를 띨 것이다. 근본 목적은 젊은이들 마음속에 우주를 결속하는 철석같이 단단한 현실이 아니라 먼 희망과 가냘픈 꿈, 흐릿한 신기루와 주관적 동경으로 자리한다. 그러나 언젠가 이러한 궁극적 목적은, 최고의 그리스 문화에서는 분명하고 명백한 방식으로, 중세시대에는 다소 서툰 방식으로 그랬던 것처럼 모든 건전한 문화의 본질적인 부분이 될 것이라고 나는 예언한다. 젊은이들은 세상의 실용적인 일들과 물질적 힘의 정복뿐 아니라, 동시에 무한한 인격의 도야와 본질적으로 선한 삶의 목적을 찾는 방법까지 배워야 할 것이다. 본질적으로 선한 삶의 목적이

설령 생존이나 자산 증식에 도움이 되거나, 심지어 앞으로 닥칠 지옥 같은 세상에서 영혼을 구하는 데 아무것도 할 수 없을지라도.[1]

현재 우리 교육의 방법과 체계는 비참할 정도로 여러 부분에서 결함투성이다. 내가 주장하건대 바로 이 시점에서 가장 큰 결함은 우리가 사실, 혹은 사실이라고 부르는 것을 모으고 전달하는 데 만족하면서, 가장 아름다운 최고 삶의 목적을 위해서 사실에 대한 지식을 지혜롭고 훌륭하게 사용할 사람을 준비하는 데 거의 어떤 일도 하지 않는다는 점이다. 우리는 인격에 대해 아는 것보다 원자에 대해 아는 것이 더 많다. 우리는 성격을 형성하는 기술(art)보다 브리지(bridge) 게임이나 다리(bridge) 공사에 대해 더 잘 안다. 우리는 변덕스럽고 대충하는 방식으로 성격을 형성하는데, 그런 방식으로 세워진 다리에서는 목숨의 위험을 감수하지 않을 것이다. 우리는 인간 영혼보다도 라듐과 헬륨에 대해 훨씬 더 많이 알고 있다. 언젠가는 아마도 이러한 불일치로 인해 난처한 상황에 놓이게 될 것이고, 그래서 우리는 삶을 계획하고 어떻게 사느냐를 배우는 매우 중요한 임무에 대비해야 할 것이다. 내가 묻고 있는 것은 아주 오래되었지만 항상 새로운 질문으로, 사람이 참되고 풍성하며 고결하고 충만한 삶을 *살아갈* 때 사람은 무엇으로 사는가? 이다. 톨스토이가 처음 이 세련된 문구를 주었고 리처드 캐벗(Richard Cabot) 박사가 그의 귀중한 책, 『사람은 무엇으로 사는가(1885)』에서 풍성한 내용과 의미를 표현했다. 그러나 이런 질문은 명백히 미국이나 다른 현대 국가들의 교육에서 주된 관심사가 아니다. 우리는 실제적이

---

1) 그 자체로 삶의 목적인 것은 다른 것을 위한 수단이 될 수 없다는 것이다. 이런 점에서 인격의 도야와 같은 그 자체로 목적인 것이 지옥 같은 세상에서 영혼을 구원하기 위한 수단일 수 없다는 것이다. 그러나 그 자체로 목적인 것을 추구하는 것이 다른 것을 위한 수단이 될 수 없지만 그 자체로 가치가 있는 것이므로 이미 지옥을 벗어나 있다고 할 수 있을 것이다. 마치 "믿으면 천국 간다"에서 믿는 것을 천국에 들어가기 위한 수단으로 본다고 할 때, "그 자체로 목적인 것"이 이런 의미의 수단이 될 수 없다는 것이다. (역자 주).

고, 실용적인 시대를 통과하고 있다. 우리는 계산 가능하고 돈벌이가 되는 결과만을 의지한다. 우리는 *사물*을 칭송하고 *사실*을 찬양한다. 예술가와 시인조차도 *본 그대로의 사물*을 그리고 묘사하는데

왜냐하면 사물의 신은 있는 그대로 존재하기 때문이다.

우리는 상당히 강조된 현실주의자가 되었고 효과적인 성과물 목록은 현금으로 바꿔온 것을 인정해야 한다. 그러나 곤란한 점은 위험할 정도로 우리를 거의 "중산층"으로 바꾸어 놓았고, 자랑스러운 교육에도 불구하고 전적으로 너무 "속물 집단"으로 만들었다는 것이다. 구호는 우리를 구원하지 못했고, 또 못할 것이다. 모든 약속과 기대에도 불구하고 "민주주의"는 혼란스럽고 잘못 관리된 인류를 고치는 만병통치약이 아니라는 것이 밝혀졌다. 마치 "축복받은 단어 메소포타미아"[2]처럼 단지 말장난에 그쳤다. "대중을 위한 교육"이라는 구호는 이를 외치는 선지자의 희망을 실현하지 못하였으며, 현시점에서 볼 때 실현할 수 없을 것이다. 납 원소의 어떤 변경으로도 황금시대의 개시를 선언할 수 없다. 언제나 같은 단계에 머물러 있어서는 수준을 바꾸어서 더 높은 분수령에서 삶을 움직이게 할 동력을 찾지 못한다. 삶의 부수적이고 이차적인 목표뿐만 아니라 근본 목적에 관심을 두어야 비로소 더 행복한 시간과 더 나은 시대가 열릴 것이다. 이런 부수적이고 이차적인 목표는 현재의 교육 방법이나 체계에 강력하고 성공적으로 구현되어 있다고 하겠다. 우리는 다리 놓는 법과 경영 관리를 배워야 하지만, 동시에 삶을 일구는 기술을 소홀히 해서는 안 된다.

---

2) 메소포타미아는 티그리스 강과 유프라테스 강에서 홍수가 날 때마다 기름진 흙이 떠내려와서 농사를 짓기 좋은 지역이다. 메소포타미아는 '두 강 사이에 있다'는 뜻이며, 초승달 모양을 닮았다고 해서 '기름진 초승달 지역'이라고 불렸다. (역자 주).

2

혼란의 한 가지 중심적 근원은 *삶의 목적을 행동의 동인(動因, spring)*
으로 바꾸려는 지속적 경향이다.[3] 이것은 저급한 형태를 가진 쾌락주의
와 다양한 형태의 값싼 공리주의가 여러 세대를 거쳐 반복되어 온
것을 설명해준다. 쾌락과 고통이 본능적인 행동의 동인(動因)이라는
것은 전혀 의심의 여지가 없다. 쾌락은 행동하려는 경향을 일으키고
강화하며, 고통은 행동을 막고 방해한다. 쾌락은 우리가 옳은 길에
있다는 표시이며, 안내자이며 지시자이기도 하다. 그러나 쾌락과 고통이
유일한 동인은 결코 아니다. 모든 본능은 적합한 자극에 반응해서 행동하
려는 경향이다. 우리는 본능적이고 정서적인 경향으로 이루어진 이상한
묶음이어서 불안정한 균형 상태로 조직되어 있다. 우리는 터질 준비가
된 다이너마이트처럼 화약 같은 폭발물이다. 그러나 적절한 접촉이
가장 놀라운 결과를 산출하기도 하는데 그 결과가 우리 경험과 관찰에
익숙한 것이 아니라면 최소한 놀랄 수밖에 없을 것이다.

우리는 정신의 역동성에 관해서 거리낌 없이 말하는 것을 정당화할
만한 심리학적 지식의 단계에 아직 이르지 못했다. 전체 환경에 적응하면
서 총체적으로 발전하는 정신은, 역동적인 에너지이며, 정신이 역사의

---

3) 모든 동물은 본능이 동인이 되어 활동한다. 인간 역시 동물인 한 본능이 동인이
되어 활동한다. 그러나 인간은 본능뿐 아니라 이런 동인과 다른 차원의 목적이
원인이 되어 활동한다. 저자가 다음 4절에서 주장하듯이 이차적인 부수적 목적도
있고 일차적인 근본 목적도 있다. 특히 이성이 목적으로 파악하여 추구하는 정신적
가치는 본능과 같은 동인이 끼치는 영향력을 제어할 수 있다. 이렇게 인간은 본능과
같은 동인으로 환원될 수 없는, 그런 동인과 다른 차원의 목적을 추구한다. 그런데
일부 사조는 이런 차원의 목적을 인정하지 않고 모든 인간의 활동을 본능과 같은
동인의 산물로 간주한다. 저자는 이점이 인간이 삶의 근본 목적을 상실하게 만든
중요한 문제라고 지적한다. (역자 주).

복잡성에 적합하게 자신의 **충동**과 **욕구**를 어떻게 형성하는지 미리 예측하는 것은 불가능하다. 그러나 정신에는 항상 고려되어야 하는 이미 형성된 어떤 경향과 능력이 있다. 이런 본능적 동인은 셀 수 없이 많으며 개인의 전반적인 인생사(史)에 거대한 역할을 한다. 우리가 선천적으로 부여받는 특별한 능력과 적성도 마찬가지이다. 일군의 심리학자 쪽에서는 삶의 거의 모든 것을 책임지는 한두 가지 본능을 현명, 어리석음 또는 정상, 비정상으로 만드는 경향이 있다. 그러나 이것은 일시적 유행에 그쳤다. 우리가 과학적인 "정상상태"로 복귀할 때 **모든** 본능은 동인이고, 정신 자체는 복잡한 환경에 그 자신을 적응시킬 수 있는 거대한 잠재적 에너지인 것을 알게 된다.

가장 재미있는 본능 중에서 하나를 선택하면, 본능적 놀이경향이 아주 많은 삶의 활동을 낳는 뿌리이다. 그러한 본능적 경향은 쾌락-목적으로 환원될 수 없는데, 놀이-충동이라는 본능은 아이가 자신의 활동에 따르는 결과를 예측하기 전에 나타나기 때문이다.[4] 그러한 경향은 아이의 여분의 에너지, 넘치는 생명력, 신비한 본성의 충동에서 나온다. 아이는 심사숙고한 목적을 성취하기 위해서가 아니라 단지 발길질을 하기 위해서 발로 찬다. 우는 것, 두드리는 것, 덜컥거리는 것도 단지 그러기 위해서 그렇게 할 뿐이다! 이런 행동은 간단히 말해서 그 자체로 목적이다. 이것은 엄마 맵시벌(ichneumon fly)의 신비로운 행동처럼 "맹목적인" 첫 번째 사례이다.

저장된 에너지를 발산하고, 타고난 능력을 발휘하며, 잠재적 기능을 작동하게 만드는 잘 알려진 이 성향은, 태어나서 죽을 때까지, 혹은 적어도 여분의 에너지가 모두 고갈되고 오직 소진된 기계를 계속 움직일

---

4) 저자는 모든 본능이 쾌락 목적을 추구한다는 입장이 아니다. 여러 본능에 쾌락의 요소들이 들어있는 것은 사실이지만 쾌락을 추구하기 때문에 그런 본능적 활동이 나타난다고 보지 않는다. 인간을 포함한 동물은 환경 적응 과정에서 여러 본능을 갖게 되었다고 본다. (역자 주).

만큼 생명력이 남아있을 때까지, 생애 전반에 걸쳐 확실히 나타난다. 이런 "동인"은 그것의 타고난 힘이 거의 의심되지 않더라도 인간 활동의 큰 부분을 차지한다.[5] 대부분의 인간 삶에서 작용하는 중요한 놀이 요소가 있다. 우리들 중에서 맹수 사냥이나, 정복되지 않은 산을 오르거나, 비행 기록을 작성하거나, 국제 요트 경기에 나서거나, 지구의 극지방을 지원해서 탐험하는 데 나서지 않는 어떤 사람들은 우리가 "할 필요"가 없는 어떤 것을 하려고 애쓴다. 우리는 장애물을 찾고, 위험과 모험을 환영하고, 우리를 시험해서 에너지를 쏟게 만드는 투쟁을 아주 좋아한다. 우리는 능력을 발휘하게 하는 수수께끼와 문제를 발명해내지만 어떤 새로운 발명을 할 수 없을 때는 중국마작을 수입해온다. 우리는 힘든 전투가 있으면 쉬운 전투를 거부한다. 노력을 축소시키는 대신에 항상 확장시키려고 한다. 우리는 정복할 세계를 찾는다. "더 새로운 세계를 찾기 위해서", 바다의 "굉음의 노도를 공략하기 위해서" 아무리 늦어도 떠나는 오디세우스의 영원한 젊음이 우리의 피에 흐르고 있다. 왜냐하면 오디세우스뿐 아니라 우리에게도,

  "모든 경험은 우리를 손짓하며 부르는, 전인미답(全人未踏)의 세계를 비추는 아치이다."

  혹은 실러(Schiller)의 작품 『윌리엄 텔, 1804』처럼 살아가는 하루하루를 새롭게 세울 때만 삶을 참되게 즐긴다. 놀이의 이 거대한 동인과 에너지가—우리 삶에서 *생명의 약동(élan vital)*이라고 부르기에 충분히 의미심장한—매우 넓고 다양한 활동에 대한 합리적 설명을 제공한다. 이것은 예기치 못한 감춰진 여러 방식으로 추진력으로서 작용하며,

---

5) 놀이 충동이라는 동인이 원래부터 타고난 것이라고 인정한다고 해서 인간 활동에 차지하는 비중이 줄어들지 않는다. 타고난 본능이지만 인간 활동에 끼치는 영향은 크다는 것이다. (역자 주).

인간의 삶을 다채롭게 하고, 보통 의식되지 않은 채, 의심의 여지없이 우리 삶의 근본 목적에 공헌한다. 그러나 이것은 본능적인 경향으로서 *행동의 동인*이지 *삶의 목적*은 아니다.

*모방*도 이점에서 마찬가지다. 어떤 심리학자나 사회학자는 대체로 모방이 인성의 개발이나 집단 삶의 형성에서 하는 역할을 지나치게 강조한다. 그렇기는 하지만 그 사실에 대해 가장 냉정하고 차분한 설명을 할 때, 모방은 인간 삶의 확장 과정에서 가장 중요한 동인 중의 하나로 간주되어야 한다. 모방하려는 본능적인 경향은 처음에는 거의 무의식적으로 어떤 결과에 대한 예측도 없이 작용한다. 아기는 웃음에 반응하여 웃고, 찡그림에 찡그리며, 슬프고 풀죽은 얼굴 앞에서는 애달픈 표정을 짓는다. 아기는 어떤 태도를 취하고, 얼굴과 사지를 움직이고, 정서적 분위기를 경험하고, 습관을 형성하여, 정신적 결과를 얻으며, 나중 단계에서는 의식적인 목적이나 노력 없이도 힘들거나 빙빙 돌리지 않고 말을 배운다. 아기가 오직 다른 사람의 적절한 자극에 반응하여 기능하는 신경 조직과 심리적 능력을 지니기 때문에, 새로 태어난 아기가 자기 삶을 적응시키고 형성하는 커다란 사회 조직을 위한 토대가 놓인다. 삶이 전개되면서 모방은 점점 덜 "맹목적"이게 된다. 모방은 더 높은 수준으로 올라가고, 합리성과 감정을 통해서 투사되며, 반(半)의식적인 기능이 되다가, 때로는 의심 없이, 드물기는 하지만 확실히 의식적인 작용이 된다. 그러나 평생 동안 모방은 행동의 강력한 동인이며, 개인적이고 집단적 삶의 전체 영역에 대해 크게 기여하는 원천이지만, 모방이 삶의 목적은 아니며 그럴 수도 없다. 우리 삶의 목적은 근본 이상(ideal)에서 만들어지고, 모방이 근본 이상의 형성에 필요한 역할을 확실히 하거나 할 수 있을지라도 그렇다.

호기심과 **궁금증**은 지혜와 행동의 악명 높은 동인이다. 만일 궁금증과 호기심이 아이의 타고난 능력에서 지워진다면 그 아이를 백치 상태에서 벗어나게 하는 데 어려움을 겪을 것이다. 정상적인 유아에게는 그러한 활동이 내부에서 이루어진다. 새로운 것에 대한 놀람과 흥미는 아주 일찍 나타난다. 아기는 말하기 전에도 얼굴로 묻다가 일단 능숙히 언어를 구사하게 되면 "왜"라는 일관된 목록을 가지고 끝없는 질문을 시작한다. 그 다음 우표, 새알, 조개껍질, 애벌레, 나비, 담배 그림, 꼬리표, 깡통 등 인간적 관심이 형성될 수 있는 것은 무엇이든 모으는 단계가 된다. 그리고는 무엇인지 알기도 전에 충동이 확대되면서 삶의 어떤 깊은 목적을 깨닫는다. 다른 본능적인 경향처럼 이것도 작동하기 시작할 때는 "맹목적"이다. 이것은 보이는 목적에 따라 기능하지 않고, 비전이나 예측도 없으며, 자신이 들어가는 긴 흔적의 어떤 것도 알지 못한다. 그것은 단지 궁금하기 때문에 궁금해 하고, 묻기 위해 물으며, 모으기 위해 모은다. 어떤 바람직한 결과를 얻기 위해서가 아니다. 그러나 이런 이상한 경향은 모든 과학의 싹과 철학의 핵을 이룬다. 보이거나 보이지 않는 우주의 영역에서 정신이 이루어낸 모든 정복으로 인류를 전진시키는 것은 바로 타고난 추진력이다. 여기서 한 번 더 우리는 적어도 낮은 수준에서, 이면에서 작용하는 **행동의 동인**을 동기가 되는 힘으로서 다룬다. 그러나 삶의 목적이 궁극적으로 형성되고 성숙해질 때, 행동의 동인이 삶의 목적으로 고양되고 인도될지라도, 행동의 동인을 삶의 목적을 이끄는 예지(豫知)로서 다루지는 않는다.

여기에서 치료와 연결될 만큼 심리적으로 밀접하게 관련되는 **동정심과 공감**은 아주 중요한 행동의 일차적 동인들이고 이타적이고 타인을 배려하는 활동의 기본적 토대와 근원을 형성한다. 이런 성향들을 아주 신비적이고 초합리적인 것으로, 인류와 개인의 발전에서 뒤에 나타난 것으로 간주하는 유행이 있었다. 인간의 삶이 한쪽 다리에만 의지한 채 나아가는 생존투쟁이라고 가정되었다. 삶의 전체 흐름은 어쩔 수 없는 자기 생존과 자기성취를 향한 의욕(nisus)이나 성향으로 채워져 있다고 믿어졌다. 이기주의는 삶의 구조와 조직에 얽이어 있다. 진화의 산물이 된다는 것은 생존과 자기발전을 위한 열정— 삶의 의지, 소유 의지, 권력 의지—에 감염되어 있음을 의미한다. 그 밖의 다른 것들은 정신이상이거나 교묘하게 가장된 이기주의의 가면 형태이다. 동정심과 공감은, 그것들을 필요로 하는 우리 차례가 올 때를 멀리 내다보고 준비한 때문이라고 "설명되었다." 그래서 도대체 동정심과 공감이라는 전체 저장물에 일종의 상호보험으로 기여하는 것이 현명하고 이익이 되었다! 그러나 지금 누구도 그렇게 생각하지 않는다.[6] 타인의 삶을 위해 투쟁하는 것도 과거와 현재의 생존 투쟁과 같은 자연 "법칙"이다. 상호 부조, 공동체 삶, 즉 타인과의 관계 속에서 발견된 삶, 집단을 위한 고려, 고통이나 희생을 위한 준비 등은 우리가 그렇게 많이 들어온 약탈자의 빨간 이빨이나 발톱과 같이 생물학적 사실이다. 우리는 자신보다 타인을 위해 관심을 갖게 하고 걱정하게 하는 본능적 경향을 갖고 태어난 그 정도만큼 "영광의 구름 행렬"에 끼게 된다. 처음에는 무의식적으로, 장래 이익이나 나중의 결과에 대한 어떤 암시도 없이 작용하지만, 그와 동시에 복잡한 살림살이 한 단면에 기초를 제공하는, 훌륭한 행동의 동인들이 있다. 우리가 살면서 삶의 근본 목적을 획득할 때, 이 목적은 초기 단계에 내면으로부터 동정심을 갖는 행동과 이타적이고 남을 배려하는 행위들을 향하게 된다는 사실에 많이 빚지고 있다.

간단히 검토한 이런 모든 행동의 동인들은 의문의 여지없이 쾌락의 근원들이다. 동정심에서 생기거나 자기희생을 포함하는 활동조차도 그 안에 쾌락적 요소를 갖는다. 더 좋은 말로 하자면 어떤 깊은 만족감이

---

6) 동정심과 공감이 사람의 진화 과정에서 준비된 이기주의의 가면형태라는 주장이 있다고 한다. 저자는 이런 주장을 일고의 가치가 없다고 하면서 동정심과 공감도 다른 본능처럼 사람한테 타고난 본능적 동인이라는 것이다. 최근 진화심리학에서 이기적 유전자뿐 아니라 "이기적 유전자"까지 인정하고 있어서 저자의 주장을 뒷받침한다. (역자 주).

다. 우리가 쾌락을 어떤 이름으로 지칭하거나 가장할지라도, 실제로 쾌락은 우리가 아는 삶의 모든 행위, 결정, 정상적인 기능 내부에 항상 존재하는 요소이다. 그러나 이점이 쾌락이 목적이라는—쾌락을 얻으려고 행동하는—의미는 아니며 그렇게 고집해서도 안 된다. 쾌락이 삶의 목적이라는 이론으로서의 쾌락주의(hedonism)는 심리학적이거나 윤리학적 가설로는 완전히 붕괴되었다. 조잡한 쾌락주의와 19세기 번성한 더 교묘한 유형들은 둘 다 파산에 이르렀다. 모든 이러한 일차적 동인들은, 쾌락이나 다른 결과 획득물에 대한 예측이나 계산 없이 작용하는 본능에서 그 토대를 갖는다. 그것들은 동인이지 목적이 아니다. 우리가 목적 또는 자발적으로 선택된 기대를 위해 의식적으로 행동할 때 그 목적은 쾌락이 아니다. 우리가 예지력을 갖고 행동할 때, 제임스가 즐겁게 명명한 것처럼 "발동기 신호"를 형성하는 우리의 관념은 항상 우리의 주의를 집중시키는 구체적 사물이나 사건, 성취물이다. 그 관념은 "쾌락"에 불과한 것이 꼭 그래야 하는 것처럼 추상적인 것이 아니다. 나는 쓰고 있는 논문의 완성을 원하고, 목적 성취를 겨냥하고, 골프 타수 낮추기를 바라고, 그리스에 여행을 가고, 아내와 결혼하고, 소 멍에를 사고, 뛰어가서 기차를 타기를 바란다.

보통 "쾌락"은 결코 우리 정신 안에 있는 것이 아니다. 만약 쾌락이 의식 속에 있다면, 종종, 아마도 일반적으로 쾌락은 우리를 방해하고 실제 목표를 찾는데 "실수하게" 할 것이다. 골프공에 집중하고 쳐서 도달한 지점에 대해서 생각하기보다는 "쾌락"을 생각했다면, 골프 샷의 성공을 상상해보라. 아니, 쾌락을 얻고자 한다면 그것은 목적으로서가 아니라 부산물로서 와야 한다. 쾌락은 직접 얻어지는 것이 아니라 다른 것에 몰입해서 획득되어야 한다. 어떤 대상과 일들이 쾌락을 주기 *때문에* 그것들을 원한다고 말하는 것은 잘못이다. 반대로 어떤 대상과 일들이 쾌락을 주는 것은 우리가 그것들을 원하기 때문이고, 최종적으로 분석해

보면, 인간으로서 본능적인 동인과 근본적인 본성 때문에 그것들을 원할 것이다.[7] 지금까지 우리를 이끄는 목적이나 기대로서가 아닌 추진력으로서 우리 안에 작용하는 삶의 에너지를 다루어 왔다. 우리는 이제 **배후**의 힘에서 **전면**의 영향으로, 동인에서 목적으로, 행동의 유사 원인적 설명에서 행위에 동기를 부여하는 목적론적 목표로 이동해야 한다. 나는 삶과 행동의 두 가지 다른 형태 사이에 날카로운 구분선과 분명히 표시된 분수령이 있어서 어떤 행위는 전적으로 한 형태에서 나온 것이고 어떤 행위는 전적으로 다른 형태에서 나온 것이라는 인상을 남기고 싶지 않다. 두 가지가 그렇게 구분되지 않는다. 어떤 행동이 맹목적이고 본능적인 동인의 결과에서 얼마나 멀리 떨어져 있는지 결정하는 것은 항상 어렵고 어느 정도 그 행동은 획득될 목표에 대한 명확한 전망에

---

7) 저자는 어떤 것이 쾌락을 주기 때문에 우리가 원하고 추구하는 것이 아니라 우리가 그것을 원하기 때문에 쾌락을 얻을 수 있다고 한다. 우리는 본능과 이성적 목적에 따라 어떤 것을 원하고 추구할 수 있다. 본능에 따라 어떤 것을 원하고 행할 때 대체로 쾌락이 수반된다. 그러나 이성적 목적에 따라 어떤 일이 추구될 때 쾌락보다는 고통이 수반될 수도 있다. 물론 이성적 목적이 추구되는 과정에서 쾌락이 수반될 수 있고 행복을 느낄 수도 있다. 여기서 저자는 본능에 거의 수반되는 쾌락을 인정하면서도 인간은 쾌락과는 다른 차원으로서 이성적 목적을 추구한다는 점을 강조한다. 이 경우 인간은 이성적 목적을 추구함으로써 참다운 행복을 누릴 수 있으며, 이 과정에서 고통뿐 아니라 물질적 쾌락과는 다른 정신적 기쁨도 느낄 수 있다는 것이다. 어떻든 인간은 쾌락 자체가 목적일 수 없고 상위의 이성적 목적을 추구하면서 쾌락과 다른 차원의 행복을 누릴 수 있다는 것이다.
만약 인간이 이성이 추구하는 목적 없이 신체적 본능에 따라서만 어떤 행동을 하게 된다면 본능이 충족될 때 생기는 쾌락이 인간의 목적이라고 할 수 있을 것이다. 본능 충족이 곧 쾌락이기 때문이다. 물론 저자는 이 경우에도 여러 본능을 쾌락 목적을 위한 수단으로 간주하지 않는다. 여러 본능들이 작용할 때 쾌락의 계기가 있지만 독자적 능력을 갖는다고 본다. 그러나 인간은 이런 본능만이 아니라 이성에 의해서 목적을 추구한다는 점에서 쾌락이 본래적 목적이라고 할 수 없다는 것이다. 만약 쾌락 이전에 인간이 추구하는 이성적 목적을 부정하고 오직 쾌락이 곧 목적이라는 입장을 에피쿠로스학파, 흄, 공리주의 등에서 볼 수 있다. 저자는 이런 입장이 인간을 잘못된 길로 이끌었다고 배격한다. 그렇다고 여러 본능들이 어떤 행동을 추구하게 만드는 계기로서 동인이라는 사실을 부정하지 않는다. (역자 주).

의해 산출되는 것이다. 우리는 도끼로 인과론 방식과 목적론 방식을 완벽하게 쪼갤 수 없고, 두 방식은—그 극단적인 양극은 멀리 떨어진 채로—아직 복잡한 인간 삶의 참모습이다.[8]

3

모든 정상적인 아이들이 성장하는 것처럼, *지능*이 생겨서 아이가 "본능적"이면서 "지능적"이 되자마자, 지능은 조직하는 능력으로 자신을 드러낸다. 본능, 정서, 충동은 다소 명확히 예측되고 추구되는 중심 목적을 위해 조직된 작은 체계로 분류된다. 삶이 확장하고 발전하며 지능도 점점 더 강해짐에 따라 조직의 범위도 넓어진다. 전체 체계는 그자체로 더욱 포괄적 체계로 분류된다. 본능적 동인이 없어지지 않고 전반적으로 남겨져있을지라도, 미래 지향적인 목표와 건설적인 목표를 향한 삶을 세우는 목적이 형태를 갖추고, "충실성"(loyalty)[9]이 형성되며, 감정이 확립된다. 본능적 동인들은, 조직하는 지능이 (이것들을) 양육시키는 영향 아래 더 높은 체계로 이행되고 변형—현대 용어로는 "승화"—된다. 지능적인 인간의 삶 안에 형성된 모든 감정은 강한 본능적이고 정서적인 충동을 갖지만, 폭넓은 이상적 요소—비축된 지능적 통찰력—와 융합되고 그 전반적인 심리학적 "위상"이 목적이라는 중심적 초점 주위에 조직된다. 이 과정에서 보통 강력한 '충실성'이 태어난다. 이 충실성은 정신의 역동성을 새로운 방법으로 드러내며, 생존을 위해

---

8) C. Lloyd Morgan은 자신의 책 *Emergent Evolution*(1923)에서 내가 인과성과 목적론이라고 부른 이런 두 형태를 구분한 것을 수용하면서 인과성(causation)과 인과율(causality)이라는 용어를 사용한다. 이 책 10장을 보시오.

9) 이러한 충실성(loyalty)은 자기 삶의 본래적 목적을 충실히 실현하려는 태도와 성향이라고 말할 수 있다. (역자 주).

투쟁하고, 생존을 보장하며, 자기이익을 촉진시키려는 타고난 성향을 극복하거나 뒤집을 수 있을 만큼 충분히 강할 수 있다. 감정을 형성하는 이러한 작업은 지나치게 "감상적"이라는 허약한 용어와 혼동되지 않아야 하는 것으로, 교육의 가장 중요한 기능 중 하나이지만, 그럼에도 불구하고 전체적으로 거의 무시되거나 대체로 우연이나 변덕으로 간과해 버린다.

크고 건설적인 삶의 에너지인 감정 이외에, 때때로 의지를 당황하게 만들고 건설적인 활동을 좌절시키는 다른 조직적인 에너지도 있다. 이러한 체계, 혹은 위상은 오늘날 "콤플렉스(complex)"라고 불린다. 이것은 억압되고 감춰진 감정 체계이다. 이것은 비정상적 에너지이며, 흔히 인지되지 않은 것으로, 심리학적 균형을 뒤집는 경향이 있다. 이것은 대체로 의식적 목적의 수준보다 낮은 곳에서 작용하고 인격 전반을 통합시키기보다는 해체시키는 것을 제외하고는 감정과 유사하게 조직되어 있다. (지능에 의해 목적을) 조직하는 경향은 통일된 자아의 형성, 통합에서 완성에 이른다. 조직하는 경향의 중심 요소는 천직, 사명, 대의명분, 헌신과 같은 단일한 지배적인 경향 주위에 삶의 목적을 조직하는 것이다. 물론 제 위치에서 벗어나려는 충동, 아직 정복되지 않은 경향성, 갈등을 일으키는 암시들이 있지만 인간은 자신의 전 인격의 완성된 실현을 향해 꾸준히 자신을 이끄는 이상의 지배 아래 있을 때 자기 영혼의 선장이다. 이런 조직과 발전의 과정에 대해 워즈워스는 심오하면서도 시적인 위대한 구절로 자신의 감상을 다음과 같이 기록하고 있다.

이 우주의 지혜와 영혼!
사유의 영원성을 뜻하는 당신의 영혼!
형상과 이미지에 숨결을 불어넣고

헛되지 않은, 끊임없는 움직임도 부여하며
낮이든 밤이든, 어린 시절의 첫 번째 여명부터
당신은 나와 엮이었으니
우리 인간 영혼을 불러일으킨 그 열정은
인간의 인색하고 저속한 작품이 아니고,
높은 이상으로, 영원한 것으로
생명과 본성을 따라
느낌과 사유의 요소들을 정화하면서
온갖 고통과 두려움을
그러한 가르침으로 거룩하게 하면서.

내가 간단히 그 과정을 개관할 때, 이런 목적-체계를 지능적으로 조직해가는 트랙 내내, *이상(ideal)*이 계속 드러난다. 모든 목적-체계는 아직 달성되지 않은 어떤 것을 목표로 한다. 모든 진정한 감정은 *무엇인가(what is)*에 대한 가장 정확한 설명보다 높여지고, 아직 경험되지도, 달성되지도 않은 이상을 실현하려고 움직인다. 목적-체계는 최종목적을 찾는 본질적으로 이상적인 체계이다. 이상을 어떻게 얻는지 말하는 것이 *지식*을 어떻게 얻는지 말하는 것보다 아마도 더 어렵지 않을지라도,[10] 이상이 어디에서 오는가 하는 커다란 질문에 이 시점에서는 아직 답이 없다. 어쨌든 이상이 정신의 근본 본성에서 우리를 위한 궁극적 토대를 갖는다고 주장할 수 있다. 우리는 단순히 *무엇인가*라고 표명하는 데 그쳐서는 안 된다. 우리가 오직 경험의 *수용적* 측면만을 다룰 때

---

10) 인간이 어떤 이상을 추구해야 하느냐고 물을 때 2차적이고 부수적인 목적이 아니라 근본 목적을 추구해야 한다고 말할 것이다. 근본 목적이 진·선·미라는 객관적 가치를 추구하는 것이라고 할 때, 이것을 아는 것은 곧 객관적 진리를 아는 것과 다를 바 없다. 이런 점에서 이상을 아는 것과 진리를 파악하는 것은 같은 차원에 해당한다고 할 수 있다. (역자 주).

전체 이야기는 결코 들리지 않는다. 우리는 항상 우리가 갖는 것과 우리의 현재 상태를 초월하고, 그것을 넘어서 이상적 방향으로 나아간다. 직접적이고 실천적인 관련 분야에서—가족, 서클, 학교동료, 넓은 인간관계, 역사 지식, 문학 연구, 비슷한 문화 형태—사회 그룹들로부터 상상력의 소재를 얻고, 우리가 추구하는 이상을 구성하는 자산을 얻는다. 여기서 우리는 무엇이 일어났고, 무엇이 일어날 것이고, 무엇이 일어날 수 있고, 우리에게 무엇이 일어나야 하는지를 발견한다. 그렇기는 하지만 우리는 이미 만들어져 전달된 이상을 은총의 선물로 *받아들이지* 않는다. 이상은 주입되지 않는다.[11] 우리는 자신의 이상을 창조하고 전향적으로 살아가는, 목적의 제작자[12]이다. 모든 사람의 이상에는 특별하고 유일한 어떤 것이 있다. 그것은 이상이 과거에 있었거나, 현재 있는 것을 넘어선다는 것을 의미한다는 사실이다. 이상적인 그것은 "새로 생겨난" 창조적인 특징을 갖는 바, 사실-수준으로부터 다른 단계의 세계로 이상을 높이고, 제한된 영역일지라도 우리를 실제적인 자유의 영역으로 옮겨 놓는다. 앞으로 보게 되듯이, 우리는 살아있는 영적인 우주 안에 있음을 보여준다.

---

11) 다른 존재가 인간에게 이상을 일방적으로 주입하지 않는다. 여기서 저자는 인간이 이상을 추구하는데 다른 존재의 도움을 받을 지라도 능동적 역할을 한다고 본다. 이 문제는 신학에서 신이 주는 은총과 인간의 자유가 양립할 수 있는가? 라는 주제로 오래된 철학적·신학적 문제이다. (역자 주).

12) 이성을 가진 인간이 이상을 창조하고 자기 삶의 목적을 만든다고 할 때, 이렇게 만들어진 이상과 목적이 상대적이고 주관적일 수 있다고 비판할 수 있다. 그러나 저자는 인간이 주어진 환경에서 과거와 현재에 없는 새로운 이상을 설정하고 추구할 수 있다고 본다. 이때 만들어진 이상과 목적은 현실의 조건을 반영하면서도 궁극적 선에 부합하기 때문에 상대적이거나 주관적일 수 없다고 반박할 수 있다. 여기서 저자는, 인간은 일방적으로 주입되는 목적을 수동적으로 따르지 않고 적극적으로 이상을 찾고 만들어낼 수 있다는 것을 강조하고 있다. 인간은 객관적으로 주어진 목적을 향해서 현재 주어진 여건을 반영하여 구체적 목표를 설정하여 실천할 수 있다는 것이다. (역자 주).

우리는 마침내, 삶 자체만큼 깊고 의도적 목적을 두 가지 유형으로 나누는 이미 언급한 중대한 분기점에 이르렀다. (1) 이차적이거나 부차적인 목적, (2) 근본적이고 궁극적인 목적. 여기서 거듭 "중대한 분기점"이라는 구절을 사용했다는 사실에도 불구하고, 어떤 의도는 이차적 목적이 전적으로 동기가 되고 다른 의도는 바로 무조건 궁극 목적에 속한다는 것을 의미하지는 않는다. 더욱이 우리의 행동과 동기는 놀랄 만큼 복잡해서 어떤 특수한 행동을 *우리*의 행동으로 만든 영향력의 가닥을 풀 수가 없다. 그러나 내가 바라는 주장은, 삶의 두 가지 유형의 목적이 작용할 때마다 성질이 전혀 다르게 되며, 우리가 어떤 종류의 세계에 살게 되는지를 결정해주는 삶의 두 가지 유형의 목적이 있다는 것이다. 내가 이차적이라고 부르는 목적의 한 집합은, 주로 공리주의적이고 외적이다. 그것은 실용적 효과와 관계가 있고 결과에 조율되어 있다. 이차적인 것들이 움직이고 존재하는 세계는 복식부기의 세계다. 부기 원장의 한쪽에는 노력, 노동, 소비 에너지, 압박, 긴장, 투쟁의 이야기가 있고, 다른 쪽에는 대차 계정이 예상되는 "수익" 합계가 있다. 목표는 구체적 결과를 위해 있고, 목적은 실제 수익에 초점을 맞춘다. 석유 매장량이 그토록 영향력을 갖는 것처럼, 우리는 고차방정식의 세계에 살고 있고, 보상으로 **주고받는(*quid pro quo*)** 영역에서 살아간다.

행위자의 눈에는 보상이 사후의 다른 세계에서 주어질 수 있지만 그것이 보상이라는 점에서 덜 외적인 것은 아니다. 이것은 자유 교환 거래의 일반적 본성이고 우리는 여전히 무한정의[13]의 저울과 잔고에

---

13) 무한정의(infinite justice)는 어떤 제한도 받지 않고 모든 영역에 적용되는 정의를 말한다. (역자 주).

대해서 듣는다. 이러한 실용적 목적의 중요성에 대해서는 토론의 여지가 없다. 실용적 목적들은 인간사회에서 일정하고 안정적인 기능을 수행해 왔다. 인류에게 욕구와 강력함을 주었다. 철도와 증기선을 만들었고, 통신 케이블과 전선으로 지구를 돌았으며, 책들을 쓰고 설교를 해왔다. 그것들은 법과 질서, 정부와 문명의 이기와 많은 관계가 있다. 이 세계는 실용적 세계이고 경제적 결과를 목표로 한다는 이유만으로 "인간의 삶은 먹다(eat) 동사의 하나의 길고 암울한 어형변화"일 뿐이라는 비관적 관점을 취할 필요는 없다. 왜냐하면 그 결과는 전적으로 소유할 가치가 있고 어떤 의미로는 투쟁의 적당한 대가이기 때문이다.

내 요점은, 삶은 전적으로 공리주의적이고 외적이지만은 않다는 것인데, 나는 이 점을 분명하게 해야 할 임무를 다해야 한다. 방정식, 회계장부, 정의의 저울 수준을 넘어서는 삶의 영역이 있다. 우리가 **탐구**해야 하는 삶의 목적이 있고, 이런 목적은 본질적으로 *내재적*이고, 보상이나 결과, 수익성, 실용적 결과에 대한 모든 생각은 뒤에 남겨둔다. 정신이 물질과 섞이지 않은 채 자신의 미묘하고 숭고한 성격에서만 존재할 수 없듯이, 삶의 새로운 수준은 실용적 수준과 별도로 분리되어 떨어져 있을 수 없다. 더 높은 것이 "출현할" 때마다, 그것은 전에 있던 더 낮은 것*으로부터* 출현한다. 마치 비행기가 활주로가 있어야만 이륙할 수 있듯이, 더 높은 것은 낮은 매개물을 자신의 상승작용을 위한 토대로, 자신을 명백하게 만드는 터전으로 삼는다. 삶이 한낱 도구주의—보통 효율성이라고 부르는—를 넘어서는 것은, 내가 이미 언급한 통합과 조직화라는 형식을 통해서이다. 행동 양식을 보다 높게 하고 상투적인 도덕성에서 벗어나 참된 "선성"(goodness)에 들어가는 것은 더 높은 영감과 신성화를 통해서이다. 이제 삶은 아름다운 완성된 미술 작품(fine art)이 된다. 이 높아진 선성에 대한 올바른 단어는 은총이다. 은총은 "규칙", 의식적 노력, 회계장부, 실용적 관심을 넘어선 단계이다. 그러나 이런 유형의 선성의 참된 영역은 하늘에, 혹은 *사후세계*의 천국에, 심지어 "성찬"예식에도 있지 않다. 그것은 압박과 긴장, 언덕, 계곡 등 일상적 삶의 평범한 장소 도처에 있다. 자신이 선택한 직업의 이상에 대한 충실성, 자신의 일상적 직업의 업무를 통한 공공서비스의 신성화, 인격의 무한한 가치에 대한 믿음, 다른 사람을 사랑하기 위해 우리 본성의 가장 소중한 선물을 궁극적 한계까지 기꺼이 주는 마음, 태어날 아기를 위해 충만하고 자유로운 영적 분위기를 조성하려는 마음과 의지, 손길의 헌신 등―이것들은 효율성을 남김없이 은총으로 넘긴 몇 몇 방법들이다! 음악이 말보다 더 높은 수준인 것처럼 은총이 효율성보다 더 높은 수준이다.

우리의 중심 문제는 본질적으로 선이 되는 어떤 실재를 발견하는 것에 아주 분명히 달려있다. 왜냐하면 그 발견이 바람직한 수익을 가져다 주기 때문이 아니라, 열쇠가 자물통에 맞는 것처럼, 흩날리는 꽃가루가 그것에 어울리는 꽃에 맞는 것처럼, 빛이 우리 눈에 맞는 것처럼, 절대적으로 우리의 깊은 본성에 부합하고, 우리가 발견해서 신비로운 피조물임을 향유하는 고양된 의식을 주기 때문에 선이 추구되는 것이다. 우리는 완전히 아름다운 대상을 보거나 흠 없는 조화로운 음악 소리를 들을 때 이와 유사한 경험을 한다. 모든 구체적 경험에서 공리적 요소를 순수한 미적 요소에서 분리하는 것은 쉽지 않다. 어떤 사람은 자연미의 영광스런 장면을, 게다가 완전한 예술의 성공적인 창조를 즉각적으로 "이용한다." 그렇다고 그것이 아름다움을 바라봄으로써 우리 *자신을 발견하며*, 우리가 해방되고 고양되며 자유로워지고 정화된다는 사실을 변경시키지 않는다. 선성에 대한 자각은 신성한 것이며, 칭송되는 것이다. 그것은 단지 그밖에 다른 것을 위한 수단이나 매개가 아니라 그 자체로 존재 이유이다.

사랑은 확실히 내재적 선과 같다. 사랑은 우리의 자기 보존을 잊게 해준다. 삶의 의지를 넘어서게 한다. 일상생활과 소설가의 낭만에서 우리가 아는 "사랑"은 보통 혼합되어있고 매우 복잡하다. 사랑이라고 부르는 풍부한 혼합물로 짜이는 많은 가닥이 확실히 있다. 그리고 모든 외적이고 공리적인 성질이 깨끗이 씻어진 사랑의 사례를 우리는 알지 못한다. 사랑 안에는 항상 승화되지만은 않는, 폭넓은 본능적인 토대가 자리한다. 그러나 그것이 어떤 보상이나 수익을 추구하지 않고, 정의의 균형을 생각하지 않으며, 오래 참고 온유하며, 포기하지 않고, 은총의 높은 수준으로 오르며, 어떤 것을 얻기 위해서가 아니라 사랑하기 위해서 사랑한다─(다음과 같은) 사랑이 있다─ 사실에 대해 눈감아서는 안 된다.

> "*삶*의 하프를 들고, 힘차게 모든 줄을 쳐서; 이때 *자아*라는 줄을 세게 친, 그래서 전율하며, 안 보이는 음악 속으로 빠져드는 사랑."

"도덕적 행동"이라는 고귀한 이름으로 부를 때조차도, 일상적 행동보다 더 혼합된,─더 종합적으로 융합된─것은 없을 것이다. 촛불을 들고 명상, 반성, 분석하는 엄숙한 순간에, 영혼을 찾아서, 행한 것은 왜 하였는지, 말한 것은 왜 말했는지 정확히 발견하기 위해서 노력하지만, 유일한, 확고한 대답을 거의 찾을 수 없다. 우리가 가장 정직한 입장에서 행동의 실제적 동기를 부여할 때, 얼마나 많은 동기와 동인들이 "주변부"에 또는 "한계선상"에 깔려있어 검토 행위의 형성에 영향을 끼치고 있음을 알고 깜짝 놀란다. "사람이 모든 것을 알 때 비난하기 어렵다"고 한다면, 사람이 모든 것을 알 때 칭찬하기도 다소 어렵게 된다.

그러나 행동 동기의 복잡성을 증명한다고 말할 수 있는 모든 것에도 불구하고, 적어도 목표나 동기, 의도에서 그토록 내적으로 선한 인간 행동의 유형이 있다. 우리의 많은 행동은 의심할 여지없이 *방정식*의 영역에서 움직인다. 아래 호세 빅로우(Hosee Biglow)의 정치 협상은 넓게 적용되어 왔다.

당신이 나에게 백악관을 얻게 한다면,
나는 당신의 폐쇄된 머리와 아주 친절하게 보낼 것이다
당신을 등대 안에 가두는 것으로
자람 파인트[14]가 끝날 때까지.

우리는 자주 주고받는, "자기 결의론(決疑論)"[15]에서 완전히 자유로운 것만은 아니다. 자기 결의론은 우리가 실제로 다른 동기 때문에 행동할 때에도 하나의 동기 때문에 행동한다고 믿게 만든다. 그러나 모두 다 삭감되고 감소될 때도[16] 여전히 순수하고 고상하게―오직 선이 확산되어 승리하기 위하여 행해지고, 요컨대 *당위성 때문에* 행해지는― 남아있는 본질적인 잔여물이 있다. 그러한 "당위성을 의식함"은 인간 경험이 아는 가장 위대한 긍정 중의 하나이며, 미(beauty)의 즐거움이

---

14) 자람(Jaaram)은 창세기에 나오는 '에서'의 둘째 아들인데 '숨겨진' 의미가 있고, '파인트(pint)'는 양을 표시하는 단위이다. 그래서 자람 파인트는 겉으로 드러나지 않은 삶에 꼭 필요한 용품이라고 해석할 수 있다. 이 구절은 정치인에게 표를 주는 대가로 물질적 보상을 받는 것으로 유추할 수 있다. (역자 주).

15) '결의론(casuistry)'은 규범이 일반적으로 적용할 수 없는 예외적인 상황에서 발생한다. 가령 공동체의 안전을 위해서 개인에 대한 인권 탄압을 허용할 수 있느냐는 딜레마적 상황에 빠질 수 있다. 서로 대립되는 의무를 다 지켜야 하는 상황에서 결의론의 문제가 발생한다. 그런데 저자는 어떤 사람이 "자기 결의론"을 통해서 실제 동기와 다른 동기 때문에 행동한다고 자기를 합리화시킬 수 있다고 비판한다. 위의 사례에서 개인의 인권 억압을 수용하는 것이 자기 자신이 갖는 직접적인 이익 때문인데도 공동체의 안전 때문이라고 실제와는 다른 동기를 믿게 만들 수 있다는 것이다. (역자 주)

16) 인간 행동에 여러 가지 복합적인 동기가 들어있는데, 이차적이고 부수적인 목적에 해당하는 동기들을 모두 제거하더라도 여전히 근본 목적으로 선을 추구하는 동기가 남아있다는 것이다. (역자 주).

그런 것처럼 다른 것으로 환원되어서 설명될 수 없다. 그것은 *유일무이하며(sui generis)* 독특한 것이다. 에머슨의 말처럼 "대답 없는 목소리"이다. 그것은 삶의 근본 목적이며 우리를 보고 만지는 사물과 전적으로 다른 질서에 있는 궁극적 실재와 관계를 맺도록 한다.

깊게 탐구하는 다른 인간적 관심사처럼 *종교*는 많은 동기와 "혼합"되어있고 이기적이고 공리적 목적을 지닌 가닥으로 엮여있다. 모든 시대마다 인간이 종교를 상업적 거래로 이용했다는 점은 의문의 여지없는 사실이다. 야곱은 가장 높은 전지전능자와 협상을 벌이고 다음과 같이 말한 사람이다. "하느님께서 저와 함께 계셔서 제가 가는 이 길에서 저를 지켜주시고 저에게 먹을 양식과 입을 옷을 마련해주시며, 제가 무사히 아버지 집으로 돌아가게 해주신다면, 주님께서 저의 하느님이 되실 것입니다"(창세기 28: 20~21). "신"은 *유용한* 존재이시다. 신은 자주 외적이고 이차적인 계획에 꼭 들어맞았다. 위티어(Whittier)가 아주 잘 말한 것처럼, 사람들은

"그들의 영혼과 겨울의 돼지고기를
소금과 예배에 드는 최소한의 비용으로 구하기를"

갈망해 왔다.

한편 "근본주의자"는 절망적인 세계를 정화하기 위해 신적 구원의 원정대를 보내신 자로서, 자신들이 마음먹은 목적에 대한 수단으로서, 신을 이용한다. 다른 한편, "현대주의자"는 종교를 느리고 점진적인 과정을 통해 새롭고 더 나은 사회 질서를 산출하기 위한 수단으로 간주한다. 그들은 그 문제를 명백히 제기하면서[17]우리가 "그리스도와

---

17) 저자는 근본주의자뿐 아니라 현대주의자와도 입장이 다르다. 근본주의자는 신의 이 세상에 대한 직접 개입을 강조해서 믿는 사람은 은총으로 신앙을 갖게 되었으며, 구원이 이미 예비 된 것으로 간주한다. 이에 반해 현대주의자는 신을 사람이

카오스" 사이에서 선택해야 한다고 말한다.

그러나 우리의 세계 안에는 실제적인 내적 종교의 핵심—영과 진리—이 있다. 이 영과 진리의 종교는, 예술가가 아름다움을, 연인이 그 상대를, 성인이 성스러움을 찾는 것처럼, 은밀한 외적 목적이 아니라 단지 신을 발견하고 예배하고 사랑하고 닮기 위해서 *신*을 찾는다. 참된 종교는, 충만한 영광에 이르렀을 때, "종교"라는 이름으로 통하는 복잡한 형식에서 "벗어날" 때 삶의 근본 목적이 된다. 참된 종교는 궁극적 실재에 속한다. 종교는 위대한 **동반자**, 사랑하는 **친구**, 다정한 **아버지**를 추구하고 발견하고 향유한다. 종교는, 이 강의가 보이려고 애쓰는 것처럼, 인간 영혼의 본질적 본성에서 자신의 토대와 근거를 갖는다. 종교는, 우리의 어떤 행동도 본능적 동인에 의해 이끌려지는 것처럼, 건전하고 지성적이며, 이성에 부합하며, 순수하고 승화된 것으로서, 삶의 정상적인 길이며, 인격적 삶을 새로 출현시키는 기능이다. 우리 삶의 대부분은 과거에 묻혀 있다. 우리 밑에는 인류의 탄생까지, 오히려 훨씬 그 이전까지 거슬러 올라가는 태곳적 삶의 뿌리가 있다. 우리는 망처럼 얽혀 있는 우리 존재를 풀어낼 수 없고 긴 계보를 가진 조상에게서 어떤 유산이 왔는지 확실히 열거할 수 없다. 그러나 우리는 모든 후손에게 채무자이며, 존재하는 모든 것에서 온 막대한 기부금을 자산 목록에 집어넣는 것을 인정해야 한다. 우리는 많은 행동에 대해서 말할 수 있다. 나는 특별한 소질과 성향을 물려받아서, 혹은 내 고향집과 어린 시절 동료에 의해 조성된 심리적 분위기에 불가피하게 영향을 받고 자라서 *그 행동*을 했다는 것이다. 그러나 다른 누구의 것도 아닌 *우리의 것*인 삶의 영역이 있다. 우리 안에는 새롭고 유일한 어떤 것, 과거가

더 나은 도덕적 선을 실현해가는 근거나 기준으로 간주할 뿐이다. 신의 직접 개입이나 통치보다는 인간의 자발적 추구를 강조한다. 저자는 두 입장과 달리 신과 하나되는 신비적 체험과 인간의 능동적인 도덕적 실천을 함께 인정한다. (역자 주).

아닌 *미래*를 지향하는 어떤 것이 있다. 우리는 어느 정도까지는 우리 자신이 아닌 힘의 *산물*이며, 우리를 위해 있지만 우리 자신의 것이 아닌 에너지의 산물이다. 그러나 워즈워스의 말처럼, 창조적이고 자유로우며, "우리라는 존재를 세워주는" 어떤 것이 우리 안에 있다. "그것을 어떻게 얻고, 붙잡고, 획득했는가"를 우리는 여전히 추구해야 한다. 그러나 복잡한 인격체인 우리는 이러한 뛰어난 특성—특별한 영광—을 갖는데 이것이야말로 곧 우리가 삶의 근본 목적을 위해서 살 수 있는 것이며, 우리의 가장 깊은 곳에서 절대적 의미를 지닌 궁극적이고 살아있는 참된 세계와 어떤 방식으로든 결합되어 있는 것이다.

  우리가 보는 세상 안에 있는 그러한 참된 세계,
  여기에서 우리 세계는 단지 경계 짓는 해안.

윌리엄 랄프 잉에(William Ralph Inge)학장이 자신의『플로티노스의 신비철학』(p.228)에서 다음과 같이 말한다, "생생하고도 중요한 점은, 우리는 인간 정신의 상상물이나 존재하지 않는 이상적 가치로서가 아니라 신적인 절대적 원리와 전 우주 과정의 근원과 목적으로서, 진·선·미를 믿어야 한다는 것이다." 내가 믿기로는 우리 시대에 가장 중요한 철학적 문제는 바로 이것이다. 우리를 살아가게 만드는 가치, 이상적 가치가 우리 자신의 머리에서 나온, 우리 자신의 상상물인 꿈인지, 아니면 이상적 가치가 사물의 영원한 본성에서 나온 것으로 객관적으로 실재하고 보편적으로 타당해서 그러한 영적 *실재*에 기반을 두는지 여부이다. 그러한 영적 실재에서 사물의 전체적인 가시적 질서가 비롯되며, 그러한 영적 실재가 이상적 가치를 산맥보다 더 안정적으로 만들고, "창공의 천구를 조각하고 도덕 법칙을 작성하는 *창조주로서의 예술가*의 이미 잘 알려진 작품들"에 완전히 부합하게 만든다.

제2장
플라톤의 선의 이데아

1

W.R. 잉에는 『신앙의 고백』[18]이라는 주목할 만한 책에서 자신이 플라톤주의자라고 선언한다. 그는 우리에게 말한다. 모든 탐구의 세기가 끝난 후, 우리의 근본 물음에 대한 플라톤의 대답이 어떤 다른 철학자의 대답보다 더 진리에 가깝다고 그가 말하길, "우리는 어쨌든 신에 도달하는 것은 가치라는 길 위에서만 이루어진다." 그는 계속 말하길, "이런 가치 이론은, 나에게는 플라톤의 이데아 이론과 같은 것으로 간주된다. 영원한 가치에 대한 지식은 실제적이다. 우리가 영원한 가치인 진·선·미를 붙잡고 있는 한, 우리는 자신들의 권리로 존재하는 그러한 가치에 종속된다. 빛이 여러 빛으로 나누어지더라도 항상 같은 빛인 것처럼, 그러한 가치가 다양한 성질로 경험될지라도 항상 모든 곳에서 같은 것이다. 그리고 영원한 가치는 다른 것의 수단이 될 수 없으며, 이러한 가치를 갖는 것은 영원한 삶을 붙잡는 것이다."[19] 거듭하여 그는 말한다. "참된 신앙은 절대적 가치가 실재함을 믿는 것이다. 우리가 우리의 불멸성을 구하고 찾아야 하는 것은 절대적 가치의 왕국 안에서이다. 우리가 신의 영원한 삶을 한 부분으로 갖는다는 것, 신의 속성이 이와 같다는 것은 진·선·미가 무엇인지 우리가 알기 때문이다."[20]

---

18) Outspoken Essays 출판(2번째 시리즈).

19) 위의 책, p.26.

독일에서 가장 유명한 사상가 중 한 사람인 에른스트 트뢸치는 1차 세계 대전이 발발했을 때 자기 생애에서 가장 성숙한 시기였는데, 그리스도교 철학의 미래는 오직 플라톤 사상과 결합한 갱신에 달려있다고 말했다. 궁극적 실재, 곧 신에게 가는 길로서 내가 근본 목적이라고 부르는 가치를 처음으로 진지하고 심오하게 해석한 사람이 플라톤이다. 플라톤과 플라톤주의자들의 메시지에 대한 잉에의 높은 평가에 동의하든 안하든 간에, 플라톤이 가치 이론의 도입으로 기원전 4세기 아테네에서처럼 오늘날에도 인간 삶의 모든 중심 문제에 필수적인 접근 방법을 발견한 것을 우리는 인정하지 않을 수 없다. 플라톤은 사유의 문제와 씨름한 가장 위대한 사상가 중의 하나이고 우리가 그의 대답에 어떤 결론을 내리든, 그가 지금까지 살았던 다른 어떤 사람보다 더 철학적이고 윤리적 질문을 했다고 진실로 말할 수 있다. 나는 플라톤을 한 사상가로서 주로 다룰 것이지만 동시에 그는 삶의 의미를 통찰한 예언자였다. 플라톤이 항상 느끼길, 가장 높고 신성한 것은 기록되는 것이 아니라 경험되고, 실천되어야 한다는 것이다. 플라톤의 실제 저작으로 일곱 번째 서간에서 플라톤은 자기 일생의 왕관이며 정점인 선(善)에 대해서 다음과 같이 말한다. "이 주제에 대해서 나는 어떤 것도 쓰지 않았고, 앞으로도 그럴 것이다. 선에 대해서는 다른 학문 분야처럼 표현이 가능하지 않다. 그러나 오랜 소통과 그것에 바친 삶의 결과로서 어떤 빛이 점화되는 불꽃처럼 갑자기 타오르는데, 그 빛이 영혼에 도달할 때부터 영혼은 스스로 자양분을 발견한다."

플라톤은 자신한테 배경이 되는 그리스의 전반적인 지성적 삶을 자신의 사유 안에 요약했고. 영감을 준 스승 소크라테스를 포함한 과거 유산이 자신에게 제공한 것을 자신의 천재성으로 크게 초월했다. 그러나 이제까지 살았던 어떤 위대한 사상가도 해석하는데 플라톤만큼 어렵지

---

20) 위의 책, p.35.

않을 것이다. 플라톤은 시인이며, 천재이며, 아주 탁월한 산문 작가이지만 어떤 체계나 잘 조직되고 신중히 다루어진 성숙한 결론을 남기지 않았다. 오직 훌륭하게 다루어진 토론, 잠정적인 답을 찾게 하고 새로운 답변을 찾아 또 다시 거론하는 끊임없는 질문, 그리고 신화, 꿈, 높은 희망, 비전, 게다가 상위 원리에 대한 논리적 통찰, 타의 추종을 불허하는 도덕적 열정, 매우 진귀한 품격의 유머뿐이다. 『대화』편의 이러한 놀랄만한 여러 요소들의 집합은 해결된듯하나 또 다시 해결되어야 할 비판적 문제로 가득 차게 된다. 율리시스가 불멸의 프로테우스를 붙잡을 때마다 프로테우스가 사라지고 새로운 모습으로 다시 나타나듯이, 플라톤을 붙잡는 것은 꼭 그와 같다. 에머슨의 말처럼, 우리가 플라톤으로 다시 돌아가고, 또 그가 영원히 현대적이라고 하는 중요한 이유는, 인간 영혼의 차원을 여는데 역사상 어떤 철학자보다 더 많은 것을 제공해주기 때문이다. 플라톤 이전의 선각자, 헤라클레이토스는 말했다: "당신이 모든 길을 찾아서 영혼의 근거까지 깊이 내려간다고 해도 영혼의 경계를 발견할 수 없을 것이다." 플라톤은 누군가 도달한 깊이를 넘어서 누구도 아직 도달하지 못한 내적 깊이까지 자신을 끌어내린다. 플라톤의 모든 지적 모험 중에서 정신이야말로 영웅이며 오디세우스이다.

플라톤은 펠로폰네소스 전쟁 시기에 태어나서 그리스 역사상 가장 어두운 시기에 자랐다. 이런 플라톤이 어떻게 천재들의 경주에서 어느 누구도 하지 않은 방식으로 인간의 삶을 진단하는 것을 배웠는지는 해결되지 않은 신비다. L.P. 잭스 교수는 최근 논문에서 플라톤이 어떤 교육을 받았는지 흥미로운 질문을 제기하였다. 그의 대답이다. "가장 간단한 수학, 조야한 물리학이 있었지만, 어떤 대수나 계산, 운동의 법칙, 혹은 중력의 이론 등은 배우지 못했다. 피의 순환에 대하여 어떤 것도 알지 못하고 두뇌의 기능에 관하여 전혀 모른다. 천문학도 약간 있었는데, 그것이 혼란스럽기도 하였지만 어떤 것은 그의 상상력을 확장하는데 놀랍도록 효과적이었다. 그러나 우리가 이해하는 것으로서 화학, 지질학, 생물학, 분류학, 생리학은 실제로 없었다. 이런 모든 것이 아직 과학의 역사에 알려지지 않은 시기였다. 어떤 출판된 책도 그것들을 다루지 않았다. 그의 책은 모두 합쳐서 작은 손수레에 담을 정도였다."[21]

이런 한계에도 불구하고 플라톤은 어떤 사상가보다 더 인간의 사유와 인류의 지성사에 영향을 끼쳤다. 모든 세대가 플라톤을 다시 번역하고 모든 주요 사상가들이 그의 사유를 재검토하는데, 나는 여기서 콜럼버스가 아메리카를 발견한 것처럼 플라톤이 확실하게 영혼의 깊이와 능력을 발견하고 단호히 주장하는 점에 관심을 갖는다. 그의 스승 소크라테스는 그에게 너 자신을 알라는 좌우명을 주었고, 그는 그 명령을 달성하고, 목표를 실현하려고 노력하면서 자신의 생애를 바쳤다. 그러한 좌우명은 완전히 실현될 수 없는 것 중의 하나로 증명되었다. 그러나 플라톤은 큰 모험 정신으로 계속 추진했다.

그러한 학파들의 혼돈이 정점에 이르렀을 때 그는 자신의 지성적 과업을 맡게 되었다. 사유의 체계는 파산되고 무의미한 토론이 거의 정신적 질병이 되었다. 어디서나 말만 무성하고 지혜와 빛은 어디에도 없었다. '인간은 만물의 척도다'[22]가 통용되는 이론이었다. 만물의 척도가 되는 인간은 어떤 대표적인 인간도 아니고, 전문가도 아니며, 개개의 인간이며, 말할 줄 아는 모든 사람이었다. 각 개인의 의견이 곧 최종적인

---

21) *Atlantic Monthly for March,* 1924.

22) 각 개인이 만물의 척도가 된다. 각 개인이 지각한 것이 곧 사실이 된다. 내가 있다고 하면 있고, 없다고 하면 없다. 이런 주관주의와 상대주의는 서로 대립된 주장을 하게 될 때 문제가 생긴다. 예를 들어 검사가 피고는 범인이라고 하고, 변호사는 범인이 아니라고 한다. 이런 경우 판정할 만한 지위에 있는 판사나 배심원을 설득한 주장이 옳다고 할 수 있다. 설득술이나 변론술이 진리의 척도가 된다. (역자 주).

것이다. 모든 사람에게 그렇게 보이는 것이 곧 그런 것이다. 지식의 분야나 활동의 영역에서 모두 당신 자신에게 그렇게 보이는 것이 당신의 유일한 안내자이다. 감각이 우리가 알 수 있는 모든 것을 우리에게 제공한다. 각 사람의 임무는 그러한 지각에서 수용하는 것을 말하는 것이다. 그것이 "지식"이며, 실제적으로 모든 "진리"이다.

플라톤은 그의 책에서 소크라테스로 하여금 다음과 같이 말하도록 한다. "나는 항상 궁금하다", "왜 프로타고라스는 납작코 원숭이를 만물의 척도로 만들지 않았는지". 왜 보는 눈을 갖고, 듣는 귀를 갖는 곤충과 같은 존재는 척도가 아닌지. 물론 그 대답은 납작코 원숭이든 사람이든 그러한 지각은 아무런 지식도 줄 수 없다는 것이다. 가장 낮은 수준에서조차도 지식은 정신을 포함하고, 그 정신은 시간과 공간의 다양한 상황 아래서 동일하게 남아있는 보편개념을 발견하고, 붙잡고, 보존하고, 적극적으로 사용한다.[23] 플라톤은 이것을 발견하여, 정신 또는 영혼을 감각의 흐름이 흘러들어가는 그릇이나 저수지라는 피상적인 신조로부터 헤아릴 수 없는 깊이와 창조적 능력을 갖는 우주의 최고 실재와 분리되지 않으면서 내적인 정신적 본성이라는 교리까지 나아갔다. 그는 『국가』편에서 "영혼은 진리가 오직 영혼에 의해서 파악되기 때문에 만 개의 눈보다 구할 가치가 더 큰 기관이다"라고 선언한다.

소크라테스는 특별히 윤리적 삶의 영역에서 정확한 과학적 정의와 불변적 개념으로서 보편자를 주장하였다. 위대한 스승 소크라테스는 이런 현명한 주장으로 이 교리의 단서를 확실히 플라톤에게 주었다. 소크라테스는 계속 말한다. 우리가 선하고 참되며 올바른 행위를 실행할 수 있기 전에, 무엇이 언제나 어디서나 선하고 참되며 올바른지를 알아야

---

23) '이 책상은 고동색이다'는 판단을 내릴 때, '책상'이나 '고동색'이라는 보편 개념을 사용한다. 이런 보편 개념의 근거가 되는 본질이 실제로 있다는 실재론(realism)과 그러한 본질이 명목적인 것에 불과하다는 유명론(nominalism) 간 대립이 서양철학의 중요한 흐름 중의 하나다. (역자 주).

한다. 인간이 그것이 무엇인지 알 때까지 올바르게 행하는 것을 기대하는 것은 어리석다. 소크라테스의 순교가 플라톤에게 끼친 심대한 영향을 아무리 강조해도 지나치지 않을 것이다. 재판 사건과 감옥에 갇힌 시간, 최후의 미와 영웅주의를 통해서 소크라테스가 플라톤의 정신에 새롭고 이상적인 인격의 수준으로 격상되었다. 소크라테스는 전형적인 인간이 되었고 신비적인 영감이 되었다. 소크라테스는 플라톤의 전 생애에 불을 붙였고, 사랑하고 신성한 동반자인 그가 이끌지 않았다면 플라톤은 그 경지에 결코 도달할 수 없을 것이다. 플라톤은 말한다. "나는 진실로 내가 지금까지 알던 사람 중에서 소크라테스를 가장 지혜롭고 정의로우며 최상의 사람이라고 부른다."

2

나는 먼저, 매우 간단히 플라톤 사유에 대해 대중적이고 시적인 해석을 다루고 나서, 좀 더 깊고 적합한 해석으로 나아가고자 한다. 이러한 해석이, 최근의 현대적인 사유 방식을 의심의 여지없이 플라톤에게 소급해서 읽을지라도 우리가 해야 할 참된 것으로 생각하기 때문이다. 플라톤 안에서 오직 암시적인 많은 것이 사유가 전개되는 과정에서 명시적인 것이 되었다. 플라톤은 소크라테스에게 소중했던 삶의 문제에서 시작한다. 그는 소크라테스를 "파괴"하지 않고, "완성"시킨다. 플라톤은 자신의 스승처럼 영원한 윤리적 원리, 삶의 이성적 방식을 탐구하는데 주로 관심을 둔다. 그러나 그러한 원리를 발견하기 위해서 플라톤은 자신이 지식의 견고한 토대, 진리의 기초를 무엇보다도 먼저 세우지 않을 수 없다고 느낀다.

그는 "감각" 경험을 아주 경시한다. 감각은 오직 외관, 의견, 임시적이고 우연적인 것만을 부여할 수 있다. 이 세계의 모든 것은 서로 다를 수 있다. 감각의 세계는, 사막의 모래나 유리창에 낀 성에처럼 유동적이고, 과정 중에 있으며, 연속적으로 바뀌는 세계다. 헤라클레이토스가 감각 경험의 영역에서 변화와 운동에 대해 강조하는 것처럼 플라톤 역시 그렇다. 한 사람이 두 번 다시 들어갈 수 없는 강처럼 각자의 경험은 "반복될 수 없다". 지식이 감각의 산물을 의미하게 되는 한, 소피스트인 프로타고라스조차도 지식의 공허함과 착각에 반대해서 플라톤보다 더 열심히 말할 수 있는 것은 없다. 감각은 영원하거나 필연적이거나 보편적인 어떤 것으로도 이끌지 못하고, 감각 세계는 단지 우연히 존재하고, 우발적이고 가변적인 연속물이다. 그것은 생성의 영역이며, 아무것도 없는 것이며, 태어난 지 2주된 신생아의 세계와 같은 것으로서 제임스가 "아주 큰 개화, 어지러운 혼돈"이라고 부른 것이다.

우리는 *사유*를 시작하자마자 다른 종류의 세계를 표시하는 첫 번째 암시를 획득하는데, 이것은 감각의 초월을 포함한다. 사유 과정은 항상 정신에게 보편적이고, 영원하며, 당위적인 어떤 것을 제공한다. 사유 대상이 되는 그 "어떤 것"을 플라톤은 *이데아*라고 부른다. 이데아는 개별적 정신이 창조하는 어떤 것이 아니고, 오히려 정신이 **발견하는** 어떤 것이다. 그에게 이데아 이론에 대한 단서를 준 것은 의심의 여지없이 수학적 경험이었다. 당신이 수학적 개념을 좋아하든 아니든, 수학적 개념은 "의견"이 아니고, 영원한 것이다. 수학적 개념은 변화, 우연적 사태, 주관적 외관을 "초월해" 있다. 수학적 개념은 개별 사상가의 정신과 의지를 "넘어서" 자신의 영역과 강제 아래 있다. 수학적 개념은 절대적이고, 동의를 강제하고, 당연히 정신을 지배한다. 수학적 개념은 전반적으로 감각적으로 경험 가능한 영역을 넘어서 있는 대상을 다룬다는 점에서 "초월적(transcendent)"이다.[24] 우리가 기하학의 명제를 논증하는 것처럼 우리 정신 안에 있는 삼각형은 칠판이나 라벨 a, b, c 등에 대충 그린 삼각형 형태와 아주 다르고, 과학의 보편법칙도 역시 그 법칙을 증명하는 구체적 경험을 넘어서까지 적용한다.[25]

우리는 이런 **이데아**에 대응하는 어떤 것을 사용하지 않고서는 어떤 사유도 할 수 없다. 이데아는 우리의 지성적 삶의 영원한 뼈대와 근간을 형성한다. 다른 형태는 오고 가며, 있다가도 없지만 이런 보편자는 **언제나 어디서나(semper et ubique)** 있다. 이데아는 사유에 대한 우리 우주의 구조를 구성하고 사실과 사물들을 통합된 체계로 일관되게 한다. 이데아는 그냥 우리의 창조물이 아니다. 이데아는 주관적이거나 가변적이지 않고, 헤라클레이토스의 강처럼 흐르는 것이 아니다. 이데아는 보편자이고, 불변이며, 영원한 측면을 갖는다. 이데아는 감각이 우리에게 주는, 그런 "현상적인" 세계보다 다른 형태의 세계에 속한다. 이데아는 실재, 존재의 모든 표시를 갖고, 따라서 끝없는 변화의 영역에서는 어떤 기원도 가질 수 없다. 항상 "생성"하는 것은 항상 "존재하는(τό ὄν)" 것을 산출할 수 없다. 영혼이 보고 사용하는 영원한 형상인 이러한 이데아가 자신들의 영역과 거주지를 갖는 곳에는 절대적 실재의 초감각적인 무형의 세계가 있음에 틀림없다고 보인다. 우리는 언젠가 거기에 있었음에 틀림없고, 모든 미(美) 안에서 실재(이데아)와 직접적으로 소통했으며, 이러한 불변의 이데아를 우리와 함께 다른 모든 것이 변하는

---

24) A.E. 테일러, 『플라톤』, p.52.
   수학적 대상의 보편적 성질은 감각적으로 지각된 성질과 다르다. 우리 눈에 보이는 삼각형과 수학적으로 규정하는 삼각형은 다르다. 이런 점에서 수학적 대상은 감각적으로 지각된 대상을 초월한다. (역자 주).

25) 과학의 보편법칙은 개별적 사례에 적용되는데 그렇다고 해서 이런 보편법칙이 특정 개별사례에 한정되지 않는다. 다른 사례에도 적용될 수 있기 때문이다. 이런 점에서 보편법칙은 개별사례를 초월한다고 할 수 있다. 물론 경험론에서는 보편법칙을 규정하는 일반명제가 사물의 본질에 근거하는 것이 아니라 귀납적 방법의 산물로 간주한다. (역자 주).

낮은 세계로 데려왔음에 틀림없다.

플라톤은 우리가 어떻게 이러한 안정적이고 영원한 이데아를 획득했는지 설명하는데 가끔 시적이고 신비적 방법을 채택한다. 우리는 태어나기 전에 실재의 세계에 살았고 이러한 실제적 본체적 대상(noumenal object),[26] 즉 이데아, 참되게 존재하는 것들을 관조했다. 우리는 태어나면서 타락했다. 여기서 플라톤이 성경의 창세기보다 "타락"의 교리에 더 책임을 지고 있다고 꽤 공정하게 말할 수 있다. 우리는 실제적 대상이 더 이상 발견되지 않는, 오직 순간적인 그림자만 있는 감각적 삶의 낮은 차원으로 전락했다. 우리의 현재 지각으로는 우리가 떠난 실제적 세계도 그것의 내용도 발견할 수 없다. 지각의 대상은 영혼으로 하여금 생각하고, 언젠가 알았던 참된 이데아를 불러내고, 상기하도록 돕는데, 그래서 모든 실제적 지식은 상기(*ἀνάμνησις*)다.[27] 그러나 우리는 저기 있는 그러한 완전한 패턴을 쉽게 상기하지 못하고, 두꺼운 베일을 가진 이 세계는 우리의 기억을 빨리 되살릴 수 있는 빛을 그다지

---

26) 플라톤은 가변적인 현상계와 불변적인 이데아 세계를 구분한다. 이런 불변적인 이데아야말로 참된 존재이며, 이런 이데아를 파악하는 것이 곧 참된 진리를 아는 것이다. 이 구도가 칸트에게서 현상계와 물자체의 구분과 대립으로 재현된다. 인간 오성이 감성적 직관을 통해서 수용한 인식자료에 범주를 적용해 구성한 세계는 우리에게 알려지는 현상계로서 자연의 세계이지 사물 자체의 세계가 아니다. 칸트에게서 물자체의 세계는 인간에게 학문적으로 인식되지 않는다. 그러면서도 칸트는 학문적 차원과 다른 차원에서 윤리와 미, 종교의 세계를 인정한다. 여기서 다시 물자체라는 이념의 세계를 불러낸다. 이점에서 플라톤과 칸트는 유사하지만 다르다. (역자 주).

27) 『파이드로스』, 『파이돈』, 『메논』, 그리고 『국가편』 7권에서 그 유명한 동굴의 장면은 이런 시적 관점의 고전적 설명을 제시한다.
(이하 역자 주). 역자가 상기에 대한 부연 설명을 하면, 이 세상의 인간이 어떻게 불변의 이데아를 알 수 있는지 논란이 된다. 이에 대해 플라톤은 인간 영혼이 불멸이며, 영혼은 이 세계에 오기 전에 불변의 이데아를 알고 있었다고 본다. 이런 영혼이 육체의 옷을 입고 레테(lethe)의 강을 건너면서 저 세계에 대한 기억을 망각하게 되었다는 것이다. 물론 인간은 이 내용을 다시금 기억하고자 하는 강한 열망(eros)을 가지고 있다. 이렇게 이데아에 대한 인식은 망각된 이데아에 대한 기억을 다시 해내는 상기라고 한다.

많이 비추지 않는다. 우리는 (플라톤의 표현처럼) 유리를 통해 희미하게 보며, 때때로 우리가 원래 태어난 환경의 영광스런 빛을 붙잡을 뿐이다.

워즈워스는 거의 모든 사람이 암기하는 시행이 있는 자신의 시(Ode)에서 그 교리의 이런 해석에 대해 불멸의 표현을 했다.

> 우리의 탄생은 잠자고 잊는 것이다;
> 우리를 일으키고, 우리 삶의 주인공인 영혼,
> 다른 곳에서 자신의 배경을 갖고
> 멀리서 온다.
> 전체적으로 망각하지 않고,
> 전적으로 무방비 상태가 아니고,
> 그러나 우리는 영광의 긴 구름에 가까워진다.
> 우리 고향인 신으로부터.
>
> 그래서 고요한 기후를 지닌 계절에
> 내륙 깊은 곳에 있을지라도,
> 우리 영혼은 그러한 불멸의 바다를 보고
> 그것은 우리를 여기로 데려오고,
> 한 순간에 저기로 여행할 수 있다,
> 그리고 아이들은 그 해변에서 친구를 보고,
> 그리고 늘 거친 파도 소리를 듣는다.

3

플라톤의 신화처럼 여러 세기에 걸쳐서 그의 상상력에서 나온 시와 종교가 아름다울지라도, 위에서 주어진 이런 해석이 철학자 플라톤의 견해로 진지하게 간주되어서는 안 된다. 시인의 통역사로서 직역하는 자는 항상 틀리는 법이다. 플라톤 자신은 이 교리에 대한 최상의 비평가 중 한 사람이다. 그는, 자신에 대한 첫 번째 위대한 비평가인 아리스토텔레스처럼 분명히, 이 교리는 문자적으로 간주되면 지식의 핵심 근거를 파괴한다고 보았다. 왜냐하면 마치 그것들이 서로 다른 "세계"—감각 사실은 여기에, 이데아는 저기에!—에 속하는 것처럼 그 교리는 보편자와 특수자를 분리시키기 때문이다. 이데아가 더 영광스러운 수준에서 더 높은 것으로 *지각된다*고 말하는 것은 *이데아*의 보편적이고 절대적인 성격에 대한 해명이 아니라는 것을 플라톤은 알았다. 왜냐하면 지각은 그것이 발생하는 영역이 아무리 천상일지라도 여전히 지각이기 때문이다. 플라톤의 『대화』편은, 어떤 것도 설명하지 못하는 "추상적 보편"이라는 가공물을 우리에게 남기는 이런 해석보다 더 깊은 해석의 실마리와 힌트를 준다.

오늘날 "감각작용의 모자이크"로 불리는 특수한 사실, 겉모습, 감각 자료에 멈추는 사람은 *지식*이라고 명명하는 어떤 곳에도 결코 도달하지 못한다고 플라톤은 주장한다. 왜냐하면 지식은 지속적이고 영원한, 보편적이고 필연적인, *그렇게 존재해야만 하는* 어떤 것을 포함하기 때문이다. 본질적인 이 "어떤 것"을 발견하기 위하여 우리는 *감각의 수준으로부터 사유의 수준*으로 전환해야 한다. 사유는 언제나 특수한 것, 순간적인 것, 지나가는 것을 조직하는, 감각 자료를 "초월한" 지식의 근본 조건인 전체적 종합을 구성하는 능력과 수용력을 전제한다. 감각 재료는 우리에게 조직, 통합, 체계화, 종합된 것으로 주어지지 않는다. 우리는 전체적으로 유사하지 않은 서로 다른 감각으로부터 작은 항목, 소량, 간단한 정보를 얻어내지만 그 조직은 *우리*에 의해서 이루어진다. 그것은 정신—플라톤의 말에 따르면 *정신(nous)*—에 의해서 이루어진 창조적 작업의 부분이다. 이런 기능을 실행하고 이런 활동을 하는 정신은 현상의 하나도 아니고, "항목들"로 이루어진 계열 중의 하나도 아니다.

그것은 다른 질서, 본체적 질서에 속한다.[28] 오히려 그것은 감각의 모든 현상을 다스리고 지배한다.

플라톤은 이 두 **수준**[29]간의 차이와 감각을 초월하는 어떤 것의 도움 없이는 지식, 곧 진리를 획득할 수 없는 것을 너무 중시하여 자주 한쪽 극단으로 치닫는 것처럼 보이고 우리가 경험하는 이 세계와 관련 없는 세계에 지식의 실재 대상을 설정하는 것처럼 보인다. 그에게는 정신이, 여러 감각이라는 "여럿"을 넘어서고 "여럿"에서 분리된 차원에서 보는 통합적인 "하나"를 고양시키는 것처럼 보인다. 그러나 이런 인상은 플라톤을 너무 피상적이거나 적어도 너무 문자 그대로 읽은 것에 기인한다. "실제로" 플라톤은 특수자와 보편자, 하나와 여럿, 우연적인 것과 필연적인 것을 단일한 살아있는 전체로 통합시키는 방법을 더 깊게 계속해서 암시한다. 그는, 대학 2학년밖에 안 되는 도보여행자라 할지라도 그것을 알아볼 수 있도록 일관되고 체계적으로 이 입장을 해결하지는 못했지만, 일부 현대 사상가들이 도달한 더 크고 건전한 진리를 거듭해서 제안했다.

플라톤에게 *이데아*는 실제로 *감각 자료의 영원한 해석과 해명*을 의미했고, 우리의 많은 감각적 항목들을 시간적 경험의 모든 변형과 변화 가운데 같은 것으로 남아있는 단일한 첨탑의 한 점으로 조직하는 통합 원리, 보편자를 의미했다. 이러한 통합 원리로서의 *이데아*는 자연 법칙이 자신들이 설명하는 사실로부터 분리될 수 없는 것처럼 "사물"로부터 분리될 수 없다. 그러나 *이러한 이데아는 참된 의미에서 우리를 가변에서 영원으로 인도한다.* 누구나 참된 해명에 도달했을 때 한시적이고 우연적인 것에서 영원한 측면으로 올라간다. 이렇게 사유에 의해서

---

28) 본체(noumenal)는 정신(nous-mind)에서 이끌어진다.

29) 플라톤은 정신의 세계와 감각의 세계를 확실히 구분한다. 정신에 의해서 이데아를 파악하고 감각에 의해서 현상계를 지각한다. (역자 주).

실제로 *존재하는* 세계로 들어가는 것이 가능하다. *이데아*의 이러한 세계―영원한 해명이 되는―는 실재 세계이다. 왜냐하면 우리가 영원한 것을 파악하고 붙잡는 것처럼 "동일한 것"을 생각하게 될 때까지 실재의 근거가 없기 때문이다. 그러나 이데아의 세계와 감각의 세계는 서로 다른 두 세계가 아니다. 그들은 같은 세계이며, 한 경우는 적절히 이해되지만, 다른 경우는 적절히 이해되지 못한다. 정신의 세계는 낯선 영역에서 다른 어떤 곳과 떨어져 있지 않고, 여기에 지금, 항상 존재한다. 그러나 정신의 세계는 영원히 감각을 넘어서 있는, 정신이 해석하는 사실을 넘어서 있는 그런 세계임에 틀림없다.[30]

플라톤의 *상기론*은 보통 주어진 문자 그대로의 해석보다는 심층적 해석에 열려있다. 이 이론은, 지식이란 "외부"로부터 의식 안으로 오는 것이 아니고, 감각을 통해서 "주어지는 것"도 아니라고 말하는 상기론은 단지 신화적이고 시적인 방법일지도 모른다. 안다는 것은 오히려 의식 자체와 관련된 것을 발견하는 것이고 의식을 충분한 의미까지 생각해내서 분명하게 하는 것이다. 지식은 자기의식 안으로 깊이 내려감으로 해서 찾아지는데, 자기의식은 시간적 기원은 없지만 영원한 실재로서 *정신(mind)*으로부터 온 것임에 틀림없다. 플라톤은 이른바 정신은 감각의 항목들로 가득 채워지는 그릇을 의미하는 지식의 "새장이론"(bird-cage theory)과 밀랍판이론(wax tablet theory)에 대해서 어떤 공감도 하지 않는다. 플라톤은 또한 정신이 가끔 "*트로이 목마*"로 간주되는 방식의 유머 깃든 암시를 하는데, 그 안에는 다양한 사실과 기능들이 숨겨져 있다.

플라톤에게 상기(recollection)는 *시간적으로*, 다른 세계의 과거 경험으로 돌아가는 것이 아니라 오히려 자기의식의 참된 본질과 구조로

---

30) 정신의 세계는 현상계와 분리되어 다른 세계로 존재하는 것은 아니지만 감각으로 지각되는 현상계와 구분되어 존재한다. 이렇게 현상계와 이데아계는 내재이면서 초월이라는 관계를 갖는다. (역자 주).

깊이 내려가는 것이다. 정신의 *선천적(a priori)* 구조 안에는 아주 중요한 정신적 성향이 있다. 정신 과정의 신중한 분석은, 이 보편자를 생각하는 것이 정신의 본질에 속한다는 사실을 보여준다. 특수자에 대한 지식은 보편자를 전제한다. 특수자를 무한대까지 합친다고 해서 보편자를 부여하는 것은 아니다. 우리는 보편자를 얻기 위하여 특수자를 가져야 한다. 우리는 보편자를 통하지 않고서는 특수자를 알 수 없다. 즉 우리는 특수자 안에 있는 보편적 요소가 아니고서는 특수자로서 대상을 인식하지 못한다.[31] 그래서 가장 낮은 등급의 지식, 감각 지식조차도 본성적으로 보편자를 사유하는 능력을 갖는 정신을 포함한다는 것은 글자 그대로 참이다. 따라서 이런 해석으로는 *"이데아"*는 타고난 것이 아니다. 이데아는 오히려 사유하는 정신의 근본 능력에 속하고 그 능력이 타고난 것이다.[32] 플라톤은, 유동적이고 변하는, 한시적이고 우연적인 *이 세계*는 그러한 영혼이나 *정신*의 기원에 대해 어떤 해명도 할 수 없다고 주장한다. 영혼이나 정신은 영원히 실제적이고 본체적 세계에 속해야 한다. 모든 지식의 진보는 정신의 잠재 능력을 드러내는 것이며, 우리가 변함없이 영원히 그 일원이 되는 더 깊은 세계를 드러내는 것이다.[33] 『메논』에서 플라톤은 영혼이 불멸이라고 믿는 근거는 영혼이 자신 안에 실제 존재(τ

---

31) 내 앞에 있는 이 사과가 빨갛다고 지각할 때, 빨강이라는 보편자 없이는 그런 규정을 내릴 수 없다. 이 사과가 갖는 특수한 성질을 인식할 때도 빨강이라는 보편자가 인식되어야 한다. 만약 '빨간 사과'에서 '빨강'이라는 감각상을 지각한다면 아직 '빨강'이라는 지성상이 추상된 것은 아니다. '이 사과는 빨갛다'는 판단이 내려진 경우에는 이미 지성상이라는 보편자가 알려진 것이다. 물론 플라톤의 상기설과 아리스토텔레스의 추상설은 감각적 지각과 지성적 인식의 관계 방식이 다르다. (역자 주).

32) 인간이 이데아에 대한 기억을 갖고 태어난 것이 아니라 이데아를 파악할 수 있는 능력을 갖고 태어났다는 것이다. 저자는 이런 입장이 플라톤에 대한 적절한 해석이라고 본다. (역자 주).

33) 정신이 참된 실재로서 이데아를 인식할 때 정신과 이데아가 동등한 일원으로서, 정신의 능력과 이데아의 존재가 드러나는 것이다. (역자 주).

$\acute{o}$ $\check{o}v)$의 진리를 갖기 때문이라고 선언한다.[34]

지금까지 플라톤에 대한 해석에서 도달한 입장을 다음과 같이 요약할 수 있다. 이성적인 사유를 하는 사람에게 나타나는 *정신*은 원래부터 창조적이고 종합적인 능력을 갖추고 있다. 이 능력은 절대적이고 보편적인 특징을 갖는 *이데아*를 낳는다. 모든 감각 경험이 이 능력에 의해서 우리가 진리라고 부르는 영원에 가까운 형상으로 조직되고 전환된다. 이런 높은 형태의 사유는 이성적인 모든 사람에게 진리인 *이데아*에 도달하는 것이기 때문이다. 이런 사유 *형상(form)*은 모든 이성적인 정신 안에서 동일하고 한 사람에게 참인 *이데아*는 모든 사람에게 참이다. 이런 유형의 *정신*은 공통적 기원을 가지며, 더 깊은 실재(reality)로부터 나오는 것처럼 보이는데, 그 실재자체는 이성(reason)이고 이성을 드러내는 모든 것의 원천이다.[35]

4

사유 형상, 정신의 이성적 조직 원리인 **플라톤의 이데아**에 관해 할 말이 더 있다. 이데아는 단지 우리 정신의 형상만이 아니고, 인위적이지도, 사적이거나 주관적이지도 않고, 머릿속에서 윙윙거리는 혼란도 아니다. 이데아는 우리에게 참된 지식을 주며, 객관적 타당성을 갖는다. 이데아는 사물 안에서 그와 관련된 영원한 실재에 대응된다. 이데아는 사유와 사물을 결합시키며, 마치 곡선이 볼록한 것과 그 안쪽의 오목한

---

34) 『메논』편에서 플라톤은 인간 영혼이 영원한 진리를 깨닫기 때문에 불멸이라고 한다. 인간 영혼이 불멸인 이유를 불멸의 이데아를 안다는 데서 찾는다. (역자 주).

35) 모든 정신의 궁극적 원천으로서 궁극적 실재나 정신은 플로티노스에 따르면 정신과 이데아를 넘어선 '일자'일 것이다. 아리스토텔레스에게서 최상의 실재는 '순수 현실태'로서 신이며, 자기 자신을 대상으로 삼는 '자기-사유자'로 간주된다. 중세 그리스도교에서는 '하느님'일 수밖에 없다. (역자 주).

것을 하나로 결합시키는 것처럼 진리의 한 그물 안으로 내부와 외부를 함께 결합시킨다. *사유*할 때마다 우리는 자신의 정신과 다루는 사실에 공통적인 영원한 *이데아*에 의해서 경험의 장을 조직한다. *이데아*의 객관적 실재성을 간과하는 것은 지식의 모든 가능성을 포기하는 것이고 "겉보기"의 수준으로 다시 떨어지는 것이다.

그런데 하나의 *이데아*가 어떤 가치를 가지려면, 객관적이면서 동시에 주관적이어야 한다. 이데아는 정신에 속해야 하며 정신이 아는 세계에 속해야 한다. 이데아는 사유와 존재, 정신과 실재를 통합하는 원리여야 하며, 양자에 똑같이 나타나야 한다. 이데아는 모든 특수자를 유기적 통일성으로 통합하고, 동시에 특수자를 아는 정신과 특수자를 결속시키는 통일성의 원리이어야 한다. 앎의 주체와 객체는 같은 종류다. 플라톤 자신이 『파이돈』(79 C)에서 다음과 같이 말한다. "정신이 반성할 때 그런 것처럼 감각의 혼돈에서 자신에게로 복귀하면서 정신은 다른 영역으로 이행하게 되는데, 그 영역은 순수하고 영원하며, 불멸이고 불변이다. 정신은 자신을 이런 영역과 유사하게 느낄 때, 자신의 통제 아래 거기에 거주하게 되고 자신의 방황에서 벗어나 휴식을 취하게 되는데, 불변적인 것과 교감하는 것은 불변적인 것 그 자체가 되는 것이다." 그래서 플라톤은 『국가』(480)에서 우리는 영혼(Soul) 안에 있는 유사한 능력에 의해서 모든 본질의 참된 본성을 획득한다고 말한다. 우리가 다루는 그 세계가 그 자체로 *이성(Reason)*의 산물이며 우리의 사유 형상은 이성의 참된 본성에 적합하기 때문에 이성적 *이데아*는 경험의 객관적 세계를 조직한다.

『향연』에서 플라톤의 *사랑*의 이론은 심오한 실재의 세계와 우리가 살고 있는 이 세계 사이의 간극을 이어준다. 플라톤은 "사랑"을 우리 안에 내재하는 참되고, 신성한 실재를 향한 우리 안에 있는 열정으로 간주한다. 우리는 미의 어떤 대상이나, 가까운 사람의 얼굴에서 사랑의 빛을 붙잡기도 하고, 마치 사람이 잠에서 깨는 것처럼 우리 자신을 부수고 들어와 각성시키는 영광을 추구하는 욕구에 매혹되기도 한다. 여기서 그는 *이데아*를 추상적이고 분리된 어떤 것으로 다루지 않고 그 대상 안에 있으면서 대상이 오직 부분적으로 드러내는 보편적 실재를 향한 열정을 깨우는 **현존하는 실재**(*real presence*)로 다룬다. 모든 아름다운 유한자는, 영혼이 영원한 것에 대해 불붙는 영감 속에서 엿볼 수 있는 창문이다. 보편적 실재는 완벽한 전체로서, 그것은 모든 특수자를 통해서, 특수자들을 유기적 통일체로 결합하는 살아있는 원리로서 자신을 표현한다. 사랑의 감정(에로스)은 영혼이 특수자를 통해서 보편자를, 한시적인 것을 통해서 영원한 것을 발견할 때 싹튼다. "우리는 보이는 것이 아니라 보이지 않는 것을 본다. 왜냐하면 보이는 것은 한시적이고 보이지 않는 것은 영원하기 때문이다."

플라톤에 대한 대중적이고 시적인 해석을 완벽하게 표현한 시인 워즈워스는 이런 깊은 견해를 <*틴턴 수도원*(*Lives on Tinterns Abbey*)>의 시에서 똑같이 완전하게 표현했다.

나는 느꼈다.
숭고한 사유에 대한 기쁨으로 나를 흔드는 한 존재를;
더 깊게 스며드는 것에 대한 숭고한 지각,
그것이 사는 곳은 석양의 빛이며,
둥근 바다, 살아있는 공기,
푸른 하늘, 인간의 정신이다.
한 운동이자 정신이
모든 사유하는 것, 모든 사유의 모든 대상에게
명령을 내리고,
모든 것 속에서 굴러다닌다.

플라톤의 전체 체계의 정점, 정신적 우주의 실재하는 최고 정상은 *선의 이데아*이다. 그것은 정신의 능력 안에 있는 가장 높은 조직 원리이며, 가장 탁월한 설명 원리이고, 가장 보편적인 이데아이다. 선의 이데아는, 전체 우주가 목적론적 체계, 즉 모든 참된 존재가 선이라는 목적을 실현하는 것이라는 것을 다른 방식으로 말하고 있을 뿐이다. 진정한 현실이란 가치의 왕국이며, 모든 것이 창의적이고, 강력한 힘으로 선을 위해 함께 일하는 세계이다.

이렇게 해석할 때 최고의 *이데아*는 알려진 모든 것과 존재하는 모든 것의 완전한 통일성이 되고, 세계와 세계를 아는 정신 안에서 최고의 원리가 되며, 그 이성적인 우주 전체를 요약하는 실재가 된다. 실제적인 모든 것은 어떤 목적을 실현하며, 어떤 것을 위한 선이며, 이성적 목적을 위한 표현이다. 또한 동시에 한 사물이 지금 상태가 최상이라고 말할 수 있을 때까지 우리는 한 사물의 참된 원인을 안다고 말할 수 없다.

이것은 모든 것이 그 자신의 목적이나 기능과 관련하여 해석되어야 함을 의미한다. 플라톤의 설명을 적용하자면, 심지어 인간 안에 있는 40피트의 내장조차도 자신의 목적이나 기능과 관련하여 해석되어야 한다. 선의 이데아는 그것이 실현하고 제안하는 *선*의 관점에서 관조되어야 한다. 한 번 더 우리는 이러한 *선의 이데아*가 우주 **안에** 있는 실재인지, *초월해* 있는 실재인지 탐구하는 질문을 제기할 수 있다. 그것은 내재적인가, 초월적인가? 그것은 우리 정신 안에 있는 원리인가, 정신을 초월한 영역에 있는 원리인가? 만약 우리가 이 질문에서 제기한 두 번째 대안을 취한다면 우리는 이중 세계 도식(a double- world scheme, 이원론)에 빠지고 그것으로는 지식의 문제에 대해 어떤 해결도 불가능하다. 그렇게 된다면 우리는 위대한 플라톤이 우리를 *교착상태*로 이끌어 거기에 방치했다고 결론짓지 않을 수 없을 것이다. 내 해석에 따르면, *선의 이데아*는 존재와 앎의 절대적 통일성이며, 알려진 세계와 아는 정신 안에 있는 공통적이고 포괄적 원리이고 참으로 실제적이며 하나의 살아있는 통일성인 모든 것의 완전한 유기체이다. *선의 이데아*는 *실재 존재의 심오한 세계*의 계시이며, 포괄적인 원천적 존재이다. 때때로 플라톤은 이런 이데아를 이것에 따라 사물이 복사되는 한 패턴, 모델, 완전한 원형으로 간주한다. 때때로 그것은 하나의 포괄적 전체 안에서 정신과 사물을 근거 짓고 통합하는 근본적인 유기적 원리이다. 때때로 그것은 진 · 선 · 미의 세계에 내재한 실재하는 **현존**으로 간주된다. 이러한 최상의 해석은, 신비적 경험을 토대로 삼고 오랜 세월 신비적 경험을 자극하는 원천이 되는 것으로서, 『*향연*』에서 보여지고, 특히 유명한 디오티마의 전언으로 『*파이돈*』과 『*파이드로스*』 편에서도 주어진다.

플라톤이 나이가 들면서, 창조적인 초기 플라톤의 근본 특성이었던 신비주의에서 벗어나는 논리학자의 경향을 보였다. 그러나 사람이 늙어가면서 볼 수 없는 실재를 *보거나* 삶을 진·선·미로 만드는 그 무엇에 대해 관조하는 능력이 증가한다는 것이 플라톤의 이상적인 생각이었다. 이것이 『*국가*』(540)에서 묘사된 국가의 통치자에 대한 그의 청사진이다: "국가의 지도자나 다음 세대의 양육자가 될 사람은, 전쟁과 평화에 대한 모든 시민의 기능을 어린 시절부터 훈련한 후, 50대에 도달했을 때, 자기 삶의 모든 활동이나 지식의 분야에서 유명해진 자가 되어 마침내 자기완성에 이르게 한다. 모든 사물을 비추는 보편적인 빛까지 영혼의 눈을 들어 올려서 절대적 선을 보아야 하는 때가 드디어 도래했다. 왜냐하면 그것이야말로 그들이 국가와 개인의 삶과 그들 자신의 나머지 삶까지도 다스리는 패턴이기 때문이다."

『*티마이오스*』에서 *선의 이데아*는 *세계정신, 세계의지*의 창조적 표현이 된다. 환언하면, 플라톤에게 늘 그렇듯이 여기서도 우리는 체계적 설명이 아닌 오직 암시와 함축만을 기대해야하지만, 선의 이데아는 *인격적 신(Personal God)*을 의미하는 세계이성 안에서 그 원천과 근거를 갖는다. 플라톤은 데모크리토스에 의해 명백히 제시된 *자연*에 대한 기계론적 설명에 날카롭게 반대하며 자신의 우주에 대한 이론을 묘사한다. 데모크리토스 이론에 따르면 세계는 우연적인 사건의 연속이며, 모든 것이 맹목적이며 무계획적이다.[36] 이것에 반대해서 플라톤은 모든 곳에 *목적*이 있다는 *목적론*을 주장한다. 선의 이데아는 우주 도처에 편재해 있다. 우주는 *세계영혼* 내부에서 작용하는 세계를 창조하는 정신—Nous(정신)의 산물이다. 이 말은 우주가, 창조적 목적이나 목적을 위한 성향으로서 작용하는 거대한 *이데아* 체계이자, 통합하는 *법칙*, 영원한 원리 혹은 에너지라는 것을 의미한다. 우리의 현재 세계는 이런 완전한 형상을 불충분하게, 완고하고 비이성적인 어떤 것과 사물들이 장착된 시공간이라는 틀과 혼합된 채 보여준다. 여기서 *완전자*, 참된 *선*은 공간과 시간, 다양성의 세계로 튀어나오고, 우리는 가끔 오직 우리의 참된 목적과 목표가 왜곡된 이미지와 깨진 빛을 얻을 뿐이다.

---

36) 데모크리토스의 원자론에 따르면, 이 세계는 더 이상 쪼개질 수 없는 무한히 많은 원자들의 결합으로 이루어진다. 여기서 정신의 설계와 목적이 들어설 자리가 없다. 그런데 앞선 원자들의 운동이 원인이 되어 현재 원자들의 운동이 진행된다. 이런 점에서 원인에 의한 결과가 필연적으로 결정된다고 할 수 있다. 그렇지만 원인이 되는 원자들의 운동은 그보다 앞선 원자들의 운동의 산물이다. 이렇게 원인의 계열이 무한히 퇴행할 수 있으므로 결과가 필연적으로 결정되는 근거를 제시할 수 없다. 이런 점에서 원자들의 운동이 우연성을 갖는다고 할 수도 있다. 나중에 에피쿠로스학파는 데모크리토스의 원자론을 받아들이면서 원자들의 충돌이 처음에 우연적으로 발생한다고 하면서 이 세계의 모든 원자들 간의 결합과 분리 운동이 우연적이라고 설명한다. (역자 주).

그의 정신 안에 있는 그런 유형의 완전자

그는 자연 속 어디에서도 (그런 완전자를) 찾을 수 없다.

그는 모든 바람에 자신을 뿌린다.

그는 하늘에 있는 친구의 말을 듣는 것처럼 보인다,

그리고 두꺼운 베일을 통해서 이해하는 것처럼 보인다

목적을 쫓는 일을,

6

큰 간격과 누락이 있지만 가능한 한 간결하게 말하자면, 이것이
이데아나 창조적 목적에 대한 플라톤 이론이 갖는 가장 심오한 의미가
된다.[37] 사람들이 이데아론을 손으로 만지는 세계를 해명하는 우주론적
철학으로 간주할지라도, 이데아론은 적어도 경탄할 만큼 윤리적·정신적
삶에 부합한다. 그러한 차원에서 *선의 이데아*—목적으로서 정신 앞에
놓인 것—는 좋은 행동을 만든다. 원인은 *뒤에 있지(a tergo)* 않고,
앞에 있으며(a fronte),[38] 마음을 이끄는 에너지다. 영혼을 규정하거나

---

37) 저자가 보기에 플라톤의 이데아가 갖는 참된 의미는 인간의 도덕적·정신적 삶의
궁극 목적이며 원천이라는 것에 있다. (역자 주).

38) 아리스토텔레스는 4원인설을 제시하는데 형상인, 목적인, 운동인, 질료인이 있다.
이중 운동인은 활동을 일으키는 것으로 시간적으로 선행한다는 점에서 뒤에
있다고 할 수 있다. 이에 반해 목적인은 활동의 목적이라는 점에서 활동에 시간적으
로 뒤에 나타난다는 점에서 앞에 있다고 할 수 있다. 목적을 실현하는 활동에
운동인은 과거 시점에, 목적인은 미래 시점에 해당한다. 물론 목적이 아직 실현되지
않았지만 운동이 시작하는 시점에 이미 예지되는 것은 사실이다. 이점에서 가능태
로서 목적이 이미 기능한다고 보겠다. (역자 주).

성격을 형성하는 실제적인 것은, 영혼이 사랑하고 추구하며 실현하려는 것들이다. 플라톤의 이미지에 따르면 영혼의 날개는 *진·선·미*에 의해서 힘을 얻는다. 사도 바울은 말한다. "(끝으로 형제 여러분) 참된 것과 고귀한 것과 의로운 것과 정결한 것과 사랑스러운 것과 영예로운 것은 무엇이든지, 또 덕이 되는 것과 칭송받는 것은 무엇이든지 다 마음에 간직하십시오."(필리 4: 8) 플라톤이 소크라테스로 하여금 『국가』에서 말하게 한 것은, 윤리학의 전체 목적, 철학의 전반적 역할은 "사람이 어떻게 자기 삶에 최상의 이익―가능한 최상의 삶―이 되도록 살 수 있는지"를 발견하는 것이다. 플라톤이 믿기를, 우리는 진·선·미에서 계시되는 그러한 세계와 같은 종류인 본질적이고 정신적인 본성 안에 존재한다. 그리고 삶의 과제―근본 목적―는, 영혼 자체가 아름다우며 아름다운 모든 것과 조화될 수 있고, 그래서 영혼이 흐름과 그림자의 세계, 다양성과 변화의 세계로부터―신일 수밖에 없는 영혼과 실재의 세계―우리의 본향, 영원한 나라로 오를 수 있도록 영혼을 완전하게 만드는 것이다. 본향으로 되돌아가 신을 발견할 수 있는 능력의 근거는 우리의 정신에 있고, "세상 너머에 평화가 있는" 본체적 세계(noumenal world)로 자신을 오르게 하는 그러한 본체적 자아에 있다.

플라톤의 가장 위대한 해석가는, 플라톤 사유를 조직하고 그의 사유를 아리스토텔레스와 결부시키면서 스토아학파와는 덜 결부시킨 *신플라톤주의*의 실제적인 창시자 **플로티노스**이다. (205-269 A.D.) 그는 전 시대에 걸쳐 중요한 정신적 선지자에 속한다. 그는 지금까지 존재한 가장 위대한 신비가 중 한 사람이고 신약성경의 영향권 밖에서 그 누구보다 그리스도교 교리의 지성적 구조를 형성하는 데 큰 역할을 했다. 회심으로 인해 "서구 그리스도교의 지배적 인물"이라고 최근 옳게 일컬어지는 아우구스티누스를 예비했으며, 그에게 그리스도교 사상 체계의 지적 뼈대를 제공한 것이 바로 플로티노스 철학이다. 신비적 삶과 사유의 큰 활기찬 흐름이 그 다음 시대의 교회에 풍부하게 넘쳐흐른 것은 *아우구스티누스와 위(僞)-디오니시우스*, 그리스도교로 전환한 다른 *신플라톤주의자*를 통해서 이루어졌다. 현대에 이르기까지 유럽의 플라톤주의는 플로티노스를 통해서 전해졌으며, 가톨릭 교리와 가톨릭 신비주의도 이 황금양털에서 온 강력한 가닥으로 매끄러운 옷을 분리되지 않게 지어냈다. 플로티노스의 삶의 방식은, 우리의 우주가 본질적으로 실제적인 모든 것에 존재하는 *정신(nous)*의 우주라는 것을 발견하는 데서 시작한다. 우리의 가장 위대한 순간은 "우리가 자신을 정신으로 직시할 때"이다. 여기서 우리의 중요한 과제는 플로티노스에게서 시간과 공간, 질료(matter)[39]로부터 우리가 본질적으로 속하는 *정신*의 참된 세계에 오르는 길을 발견하는 일이다. 우리가 어디로 가는지 알 때까지 ―한 발자국의 전진도 있을 수 없고―어떤 진보도 있을 수 없다. 그러므로 우리의 참다운 시작은, 그가 어딘가에서 말한 것처럼 우리의 목적을 발견하고, 우리의 적절한 목표에 대한 명확한 비전을 갖는 데에 있다. 우리는 우리가 참되게 누구인지 안다면 즉시 일어서야 한다. 그것은 우리가 더 높은 정신적 가능성에 존재한다는 말이다. 이것이 내가 앞 강의에서 인용한, 워즈워스가 자신의 유명한 시에서 의미한 것이다.

그렇게 우리는 우리가 되어야 할 존재로 우뚝 서게 된다.

우리는 우리가 관조하는 바로 그것이 된다. 사유에 대한 이러한 플라톤의 관점은, 이런 관점이 생기고 적용하는 곳은 어디에서나, 4세기든, 13세기든, 르네상스 시기든 상관없이 인간 의식에 정신적 세계의

---

39) 플로티노스에 따르면, 우리가 쉽게 경험하는 자연적 사물은 형상(form)과 질료의 결합으로 이루어져 있다. 존재자의 질서에서 가장 하위에 있는 질료는 소멸의 원인이면서 자기 아닌 다른 존재자를 산출할 수 없는 "비존재자"로 간주된다. (역자 주).

실재를 가져다주었다. 플로티노스 말처럼 이런 실재는 "우리와 세계 간에 많은 차이가 없고" 인간 영혼과 유사하다. 이런 통찰이 획득된 곳마다 신비적 경험이 따라왔고 이런 경험은 인간을 신적 **본성**에 참여하게 하고 정신적 세계의 거주자가 되도록 삶의 근본 목적을 분명히 깨닫게 해준다. 이런 자극과 희망 아래서 인간은 쾌락 추구에서 벗어나서, 일시적인 거품을 쫓지 않고 자신들의 정신적 본성을 성숙하고 완전하게 만들기 위해 살게 된다. 자신들이 사는 우주에서 근본 목적을 위한 근거를 발견했을 때 사람들은 그러한 목적을 실현하기 위해 "세상 곳곳에서 저마다 의지를 불태웠다." 이런 근거에 대한 새로운 재해석과 그에 걸 맞는 삶의 방법을 모색하는 시대가 오지 않았는가?

제3장
그리스도교의 『복음서』가 가르치는 삶의 근본 목적

1

그리스도교는 자신의 역사 안에서 항상 단일한 사유 체계가 되는 경향을 보여 왔다. 그리스도교의 형성기는 이상한 열정을 지닌 그노시스 숭배가 세상의 주목을 받던 시기였다. 그노시스 사상은 비록 당시 *그노시스(Gnosis)*라는 말이 특별하고 특수한 유형의 지식을 의미할지라도, "지식"에 주안점을 두는 입장을 취했다. 성 바울의 사도적 사명은 초창기에 새로운 종교를 그리스 사유와 떼려야 뗄 수 없는 생생한 관계를 맺는 것이었다. 그리스도교는 가장 위대한 정신적 승리로 에게 해 주변을 정복하였지만 자신을 변형시키지 않고서는 이런 도시들을 정복할 수 없었다. 그리스 정신을 얻기 위해서 그리스도교는 그리스 천재들에게 적응해야만 했다. 그리스도교는 헬레니즘 학파의 사유가 이룬 용어들로 그 시대의 지성적 질문에 맞춰 대답해야 했다. 실제로 그럴 수밖에 없었던 것처럼 그 당시 그리스도교는 고대 세계의 가장 인상적인 지성적 문화와 융합되고 혼합되었다. 그러한 그리스도교는, 더 정교하고 논쟁적인 체계들의 갈등에서 벗어나 그리스도가 가르치고 갈릴리 호숫가에 살던 단순하고 기본적인 삶의 방법을 회복하는 것이 불가능하다고 말할 정도로 어렵다는 것이 입증되었다. 에게 해의 그리스도교로부터 갈릴리의 그리스도교로 돌아갈 길은 없는 것처럼 보였다. 앞으로 나아가는 길은 항상 지성적 문제의 거대한 분규를 내포했다. 그리스도교는 자신의 전 역사에서 거스를 수 없는 정신의 성숙을 도모하는 노력으로 끝없이 제기되는 문제와 씨름하게 되었다.

에게 해의 유산이 수반된 말장난이나 광야의 방황보다 더 쓸모없는, 혼란에 대해서 헛된 후회로 시간을 낭비하는 것은 무의미한 짓이다. 역사적 과거가 택한 과정을 불평하거나 한탄하는 것보다 더 무익한 일은 없다. 어쨌든 발전의 다른 원천이 있거나 어떤 발전도 없는 경우가 더 나쁠 수 있다. 사실상 그리스도교가 전적으로 갈릴리의 것으로 남게 되었다면 더 큰 불행이었을 것이다. 왜냐하면 단일 종족의 작은 영역에 한정된 종교 집단으로 그쳤을 것이기 때문이다. 그럼에도 그리스도교가 사상 체계의 형성에 지나치게 매달린 나머지 인간 본성의 더 심오한 요구에 거의 주목하지 않은 것은 비극이다.— 그리스도 자신이 정확히 집중해서 삶의 적합한 목적을 발견하는 요구.

우리는 모두 그리스도가 제기한 가장 깊은 실천적 물음, 즉 "사람은 이 세상에서 무엇을 위해 사는가?"를 인정해야 한다. 만일 우리가 그 질문에 답할 수 있다면 다른 대부분의 질문은 중요하지 않을 것이다. 그러나 그것은 우리 중 높은 등급으로 통과할 사람이 거의 없는 면밀한 "심리학 검사" 중 하나다. 그리스도가 자기 자신의 경우에서 내린 대답이 놀라운 방법으로 행해지는 봉사활동이나 상승된 삶의 차원임을 보여준다. "나는 오직 진리를 증언하려고 태어났으며 그 때문에 세상에 왔다." (요한 18:37) 이점은 의심의 여지없이 삶의 근본 목적이고, 그리스도의 지상에서의 삶이 일찍 마감되었어도 *그리스도*의 삶과 축적된 능력에 헤아릴 수 없는 길이를 부여했다.

위기 상황이나 결정적 순간에 아무런 준비 없이 확고한 방법으로 삶을 평가할 수 있고 명확한 가시성(visibility)으로 삶의 의미를 내다볼 수 있는 사람은 거의 없다. "이를 위하여 나 그리스도는 이 세상에 왔다." 추상적인 교리에 우리 입장을 정하는 데 들인 시간의 절반만이라도 실천적이고 근본적 문제를 정하는 데 사용한다면, 도덕적이고 정신적인 삶의 과제 속에서 사는 것보다 더 효과적일 것이다. 그러나 우리는 여전히 특성상 에게 해 사람이며 동시에 온화한 갈릴리 사람일 뿐이다.

이런 상황에서 그리스도가 위대한 말씀을 하시면서 총독 빌라도의 경멸적인 질문 "진리가 무엇인가?"에 대해 대답하셨다. 그의 질문 속에는 오직 피상적이고 건성으로 하는 대답만이 예비 되어 있었다. 그런데 그리스도의 대답은, *진리*는 한 인격체가 **존재**할 수 있도록 하는, 삶이 보여주는 어떤 것이라고 일깨워준다. 그리고 그 대답은 우리를 그리스도교의 핵심으로 인도한다. 그리스도교는 근본 목적을 추구하는 종교이다. 그리스도교는 사는 것, 삶을 영위하는 것과 관련되며, **복음**의 중심 메시지는 그러한 삶의 영역, 목표-목적에 관한 것이다. 내가 앞서 말한 것처럼 그리스도교 전체 역사는 진리의 다른 측면에 집중해 왔다. 그리스도교의 수호자들은 ― "항상 회기 중인 산헤드린 공회처럼"―그리스도교를 공식화하는데 관심을 두었다. 이러한 결과는 그리스도교를 지성적 체계로 환원시키고 그것을 *정태적*이지는 않더라도 안정적으로 만들어왔다. 그래서 가장 큰 싸움은 교리 싸움인데, 입씨름이지 삶에 관한 싸움은 아니었다. 지금 우리 과제는 삶의 종교에, 인생의 올바른 길, 방법, 정신, 목적으로서의 종교에 주의를 기울이는 것이다. 우리가 어떤 목적을 위해 태어났고 어떤 이유로 이 세상에 왔는지 다시 한 번 발견하는 일이다.

우리를 갈라놓았던 교리와 형식에서 벗어나 서로 통합시키는 삶의 방식으로 넘어가는 것은 우리가 그리스도교의 역사적 사실에 무관심하다는 것을 의미하지 않는다. 또한 그리스도교 중심 진리와 우리가 생각하고 믿는 것과 관련된 것에 무관심하다는 것을 의미하지도 않는다. 왜냐하면 모든 것이 중요하기 때문이다. 우리는, 어떤 구성적이고 지성적인 뼈대와 고정된 관념을 갖지 않는다면, 정신적으로 희미해지고 무기력해질 것이다. 그러나 그러한 관념이나 뼈대가 독단적으로 구성되지 않아야 하고, 과거의 전통에 얽매이지 않아야 한다. 그러한 관념들은 우리의 뼈 중의 뼈이며, 살 중의 살이다. 그것들은 우리의 현재의 지성적 관점에 적합해야만 하고 우리가 진리로서 간주하도록 배운 모든 것에 부합해야 한다. 그러나 어떤 경우라도 종교의 이런 사유 측면은 최종적인 것이 아닐 것이다. 우리의 종착역은 교리가 아니고 삶이요, 교리는 삶의 목적을 위해 만들어지는 한에서만 교리일 것이다. 이것이 그리스도의 불변적인 연속적 질서이다. *진리*를 *실행하고자* 그리스도는 빛으로 오셨다. 하느님의 뜻을 실행하려고 하는 자는 교리의 지식에 다다른다. 그리스도의 십자가를 지고 그리스도를 따르는 사람은 그의 제자가 된다. 공식화될 수 없고 정의될 수 없는 진리가 느껴지고 실행될 수 있고 삶 속에 세워질 수 있다.

2

복음의 새롭고 훌륭한 가르침에서 *삶은 무엇을 의미하고* 삶의 목적은 무엇인가? 공관 복음서(마태, 마르코, 루가라는 3대 복음서)의 의미심장한 메시지를 천착할 때 나에게 가장 인상 깊은 것 중의 하나는 그리스도가 경건한 유대인의 모든 타산성과 이중기입부기를 깨끗하게 정리한 방법이다. 그리스도는 고대의 실력주의 체계와 정의의 균형으로부터 벗어나는 위대한 해방에서 시작한다. 그리스도의 삶은 보상과 처벌의 관점에서 평가되지 않는다. 그리스도는 쾌락이나 고통의 여분을 쌓아두는 것으로 행위의 선악을 계산하지 않는다. 그리스도에게 그것은(삶의 의미나 목적) 결론을 내리는 시험이 아니다. 사실상 그리스도가 동양 사상을 강조하면서 과거의 계산 기준을 뒤집는다. 그리스도는 "애통해 하는 자는 복이 있나니"처럼 지복을 고난에 둔다. 그리고 그리스도는 고통에 최소한으로 저항하는 것조차 진정한 성공의 길로 간주하지 않는다.[40] 그는 욥, 호세아, 『이사야』 13장의 문제를 수용하면서, 고난이 삶의 정신적 과정의 탁월한 요소들 중의 하나라는 긍정적 근거를 가져온다.

> 심장은 뛰기 전에 피를 흘려야 한다.
> 웅덩이는 메워지기 전에 불편을 겪는다.

나는 복음서에 종말론의 가닥이 있다는 사실을 모르지 않는다. 종말론은 보상과 처벌을 강조하고 다시 한 번 최후의 심판을 위한 정의의 균형을 제시한다. 나는 종말론이 복음에 어떻게 들어오게 되는지와 그리스도의 삶의 방식과 어떤 관계를 맺는지에 대해 설명하는 과제를 역사 비평가에게 맡기고자 한다. 확실히 서로 다른 두 가닥을 일관되게 만드는 것은 쉬운 일은 아니다. 사실상 대다수 사람들은, 절대적인 일관성을 고수하려 한다면 두 가닥 중 하나를 포기해야 한다고 말하기까지 할 것이다. 이것은 신의 두 가지 다른 계시처럼 보인다. 종교에 대한 근본적으로 두 가지 서로 다른 개념. 서로 다른 곳으로 달려가는 삶의 두 가지 방식. 당장 내가 주장하는, 그리스도의 유일한 메시지의 중심적 공헌은 그 자체로 목적인 삶의 방식의 한 가지를 보여준 것이다. 종말론적 가닥은, 그리스도교 사유와 예술을 지배한 수 세기 동안의 정신적 습관과 기대에 부합한다. 이것은 마치 신화적이고 그림 같은 이미지를 가진 플라톤의 『티마이오스』편이 대중의 의식에 가장 위대한 철학자로 상징되는 대화편이듯이, 더 깊은 정신적인 가닥은 그 차례를 기다려야 했다. 그러나 가장 깊은 정신적인 가닥은 *거기에* 그 자체로

---

40) 삶의 목적을 추구하는 과정에서 슬픔과 고통 같은 부정적 현상이 최소화되는 것이 곧 진정한 성공의 길이라고 볼 수 없다는 것이다. 올바른 목적을 달성하기 위해서 고통과 고난 등이 따를 수 있기 때문이다. (역자 주).

목적인 삶의 방식에)⁴¹⁾있고, 그것은 유일하고 훌륭한 것이다.

　의식적이든 무의식적이든 플라톤의 영향이 깊게 가미된 제4복음서(요한복음)는 *영생*을 삶의 참된 최종 목적이며 목표로 만들었다. 영생을 소유하고, 영생에 참여하고, 영생을 공유하고, 영생으로 들어가는 것은 삶의 참된 비밀을 발견하는 것이다. 여기에서 다시 대중의 정신은 종말론의 관념을 주입하고 영생은 "미래의 삶"을 의미하는 것으로 낮추어진다. 즉 영생은 하늘에 있는 것이며, "영원"이라는 말은 같은 영향으로 양적 의미를 가지며 영원히 계속되는 지속성을 가리키며, 어떤 마지막 날도 없는 시간의 기간을 의미한다. 이것(양적 영원성)은 분명히 그 텍스트(요한복음) 안에 있는 그것(영원성)을 의미하지 않는다. 거기에 영생은 살아가는 방식, 삶의 형태를 나타낸다. "신을 아는 것이야말로 영생이다"라고 공언되는 것은 동사가 가리키는 것처럼 확장되고 고양되는 경험이다. 우리는 어떤 다른 장소나 끝이 없는 시간을 가리켜서는 안 된다. 우리는 새롭고 더 역동적인 삶의 방식으로 올라서야 되는데, 이러한 삶은 그 자체로 자신의 목적을 수행한다. 진리를 알고, 사랑의 기쁨에 참여하고, 이웃을 위해서 진리에 성화되는 것이 영원한 삶을 사는 것이다. 간단히 말해서 이것은 신적 삶과 같은 삶이며, 무한히 깊은 은총이며 선이고, 풍성한 기쁨과 평화이며, 자신의 자발적인 자선과 봉사로 영원히 풍부해지는 것이다. 이 위대한 그리스도교 예언자는 말한다, "*그리스도 안에*" "*삶이 있고*" 그리스도는 "길이고, 진리이고, 생명"이다. 우리는 *그리스도* 안에서 모든 가능성을 가진 삶이 실제로 무엇인지를 본다. 여기서 우리는 인격적 용어로 선을 표현하는데, 그러한 선이 선이라고 믿는 다른 것을 위한 방법 때문이 아니라, 결국 우리가 그 자체로 원하는 삶이기 때문이다. 우리가 원하는 것을 얻기 위하여 이외의 다른 곳으로 가는 대신에 지금 가진 경험으로 더 깊이

---

41) 괄호 역자 추가.

내려가서 그 경험을 더 적절하게 펼쳐서 향유하는 것이 필요할 뿐이다. 마치 음악가가 음악 이외의 다른 곳에서 더 나은 어떤 것을 원하지 않는 것과 같다. 음악가는 오직 음악 감상 능력과 이해 능력을 확장하기를 원할 뿐이다.

우리가 공관복음서의 설명으로 다시 돌아왔을 때, 요한복음 특유의 "영생"이라는 구절을 찾지 못하는 것은 사실이다. 그럼에도 우리는 요한복음의 구절에 함축된 모든 것을 의미하는 것으로 사용된 "*삶*"이라는 말을 찾을 수 있다. 공관복음서의 내용에서는 근본 목적으로서의 덜 작위적인 삶을 찾기보다는 더 작위적인 삶을 찾을 수 있다." "삶으로 들어가는 것"은 이외의 다른 모든 것을 포기하고, 영(제로)까지 내려가는, 하나의 목적이나 의도이다. "손이나 발이 죄를 짓게 하거든 그것을 찍어 던져 버려라. 두 손과 두 발을 가지고 영원한 불 속에 던져지는 것보다는 차라리 불구의 몸이 되더라도 영원한 생명에 들어가는 편이 더 낫다. 또 눈이 죄를 짓게 하거든 그것을 빼어 던져 버려라. 두 눈을 가지고 불붙는 지옥에 던져지는 것보다는 한 눈을 잃더라도 영원한 생명에 들어가는 편이 더 낫다."[42] 이제까지 살아온 어느 누구도, 우리가 목표 집중이라고 부를 수 있는 개인적 목적에 대해서 *예수*보다 더 강력하게 강조하지 않았다. *예수*는 영생에 들어가는 "한 눈"에 대해 생생한 가르침을 제시한다. 만일 당신이 예수의 길을 따르려고 한다면, 당신은 집중하는 것을 배워야 한다. 당신은 무엇을 위해서 살고자 하는지를 결심해야 한다. 당신은, 자신의 선택, 충성, 충실성을 갖는 삶의 목적에 고정해야 한다. 만약 당신이 원하는 것을 알지 못하고 두 가지 양립할 수 없는 목표—*신*과 *맘몬*사이에서 흔들린다면 당신은 어떤 곳에도 도달하지 못하고 당신이 삶의 여정 중에 "삶"을 상실할 것이다. "네 보물이 있는 그곳에 네 마음도 있다."(마태 6: 21)

---

42) 마태 18: 8-9.

만일 당신의 마음이 하나의 눈에서 나눌 수 없는 목적으로 정해져 있지 않다면, 자신의 보물을 아직 발견하지 못한 것이며, 그것을 위해 다른 모든 물건을 팔아야 하는 자신의 귀중한 진주를 발견하지 못한 것이다. 일단 찾아지면 불확실성은 끝나게 되고, 당신은 "죽은 자들이 그들의 죽은 자들을 장사하게 하고"[43] 자신의 한 가지 목적을 추구하게 될 것이다. "우리는 최상의 것을 *볼* 때 그것을 반드시 사랑해야 한다." 이와 관련해서 믿음의 정식화가 아닌 *행위*에 엄격히 초점을 맞추어야 한다. 말이나 구절이 아니고, 선한 결심이나 행복한 통찰도 아닌 의지의 실행만이 중요하다. 인정받는 것은 반성의 연습이 아니라 옳게 형성된 의지이다. "당신은 그것을 *하지 않았다*"라는 말은 그리스도의 왕국에 부적합한 자들에 대한 불길한 경고이다. 다른 쪽의 곤란한 점은, 그들은 "할렐루야 합창"에만 머무르고, 경건하게 "주여, 주여!"하고 외치는 것에만 만족한다는 사실에 있다. 중력의 법칙은 선택하는 정신적인 삶의 법칙보다 더 불변적이고 탐색적이지 않다. 폭풍우에 잠기는 허술하게 지은 집은 도덕적·정신적 조건을 따르는, 그 조건과 같은 엄격하고 불가피한 결과의 모습일 뿐이다.[44]

당신은 읽고, 듣고. 생각하지만, 이야기는 아직 계속된다.
일찍이 당신이 갖게 된 몸으로 다음 질문에 답하라! "그대는 무엇을 했는가?"

---

43) 마태 8: 22. (역자 주).

44) 정신적인 삶의 법칙이 불변적인 중력의 법칙보다 더 가변적인 것은 사실이다. 그러나 도덕법칙도 주어진 상황에서 자연법칙과 똑같이 피할 수 없는 결과로 나타난다. 도덕법칙이 지켜지지 않는 조건에서 그러한 조건과 같은 결과로서 폭풍우에 허술한 집이 지어질 수밖에 없는 것이다. (역자 주).

3

동양적 특색을 갖는 이차 목표가 내적으로 선한 목적과 경쟁할 때, 그 목표는 어떤 지위도 어떤 가치도 없는 것처럼 간주된다. 만일 삶의 목적이 그러한 희생을 요구한다면, 집과 땅을 떠나야 하고, 형제와 자매, 아버지와 어머니, 아내와 자식을 버려야 한다. 삶 자체와 비교해서 어떤 불안한 돌봄, 걱정, 부담도 육체적 삶의 *수단*으로 낭비되어서는 안 된다. "*삶 자체는 고기보다 더 나은 것,*" 즉 옷보다 더 중요하며, 집과 외양간보다 더 고려되어야 한다. 사랑의 사역을 위해서는 코트, 시계, 구두, 지갑, 개를 좇는 막대기 등—모든 것을 버려야 한다. 어떤 것도 삶과는 경쟁자가 될 수 없다. 어떤 것도 삶의 추구에 방해가 되어서는 안 된다. 삶을 획득하려는 자유를 얻기 위해서 철저하게 발가벗어야 하고 최대한 "사물"을 희생해야 한다. 모든 것은 모든 것을 위해서 주어야 한다. 모든 "세계"가 영혼의 참된 목적 추구에 대립하여 지배될 때, 모든 "세계"는 가치를 상실하고 공허하게 된다. 너무 써서 마실 수 없는 컵은 없고, 너무 힘들어서 견딜 수 없는 고통의 세례도 없다. 만일 그것들이 삶의 목적을 향한 여정에 놓여 있고, 획득되어야 할 목적에 포함되어 있으면 그렇다. 가장 강경한 본능도 전도 되거나 정복될 수 있으며, 가장 심오한 감정도 위대한 삶의 목적에 따른 비전—삶의 실제적 의미의 발견—에서 나오는 새로운 추동 에너지에 의해서 극복되거나 승화될 수 있다.

그러나 여기에는 어떤 금욕주의도 없다. 그리스도는 희생 자체를 위한 희생을 요구하지 않는다. 그리스도는 누구에게도 오직 고통을 위한 고통을 견디라고 요구하지 않는다. 그리스도는 고통이 공적을 쌓는다는 희망에서 팔을 부러뜨리거나 눈을 뽑아내라고 요구하지 않는다. 그리스도는 육체가 악이라는, 행복한 삶이 신의 의지에 반(反)한다는, 재산의 소유가 그 자체로 악이고 친구와 가족의 즐거움이 악한 것이라고 주장하지 않는다. 그리스도의 "기쁜 소식," "복음"에는 어떤 그런 가르침도 없다. 그러나 삶에 대한 그리스도의 관점을 세상의 도피와 포기를 요구한다고 너무 간단히 단정하는 일이 아주 쉽게 일어난다. "음식이나 옷, 내일에 대해 어떤 생각도 하지 않는 것"은 언뜻 보기에 모든 속세의 염려와 단절하라는 것처럼 보인다. 그 메시지의 실제 목적은 안달복달하며 화내고 걱정하는 것을 그만두라는 것이다. 비난받을 것은 "걱정하는 생각"이지 "효과적인 사고"는 아니다.

이차적인 것을 미친 듯이 들떠서 추구하게 하는 무익한 "공포증"이나 건강하지 못한 콤플렉스보다 더 삶을 망치는 것들이 거의 없다. 새와 백합처럼 더 자연적이 되어!, 고요한 평형과 균형을 갖춘 삶의 힘을 얻을 수 있다면 큰 이득일 것이다. 이차적 목적이 우선순위를 차지하여 삶의 깊이와 의미를 증진시키는 참된 목적에서 멀어지게 책망을 받게 된다. 이것이 다음 말의 중심적 의미이며, 다른 어떤 것보다 더 반복된다. "누구든지 제 목숨을 보전하고자 하는 자는 잃을 것이요, 제 목숨을 잃는 자는 살릴 것이다."(루가 17: 33) 건강과 안전을 생각하는 것, 자신의 목숨을 지키려는 계획과 설계, 자기 보존의 도식을 고안하는 것, 생존을 목표와 목적으로 삼는 것 등은, 모두 실패라는 딱지가 붙는 헛된 방법이다. 그렇게 해서는 삶을 구할 수 없다. 매일 2번씩 자기 체중을 재고 자신의 맥박을 재고 칼로리를 재는 건강염려증 환자는 실제로 삶을 보살피는 것이 아니다. 그런 자의식은 삶의 목적을 파기시킨다. 자기 구원이라는 바리사이파의 자기중심적 추구는 소극적으로 위축된 영혼에서 끝나기에, 동공이 빛을 더 많이 받을수록 작아지듯이, 영혼이 자신들을 구하기 위해 더 노력하면 할수록 더 작아진다.

그와는 반대로, 적합한 삶의 목적에 몰두하여, 어떤 비용이나 수지타

산을 따지지 않고 자기 망각과 체념으로 자신을 무의식적으로 그러한 목적에 던질 때, 자신의 능력이 팽창하고 증대되며 창조적 기술이 확장되며 활동 에너지가 발산되며 기쁨이 증대되는 것을 발견한다. 자신의 사적 자아의 작은 영역을 지키고 방어하는 좁은 목적에 집중할 때 그는 결코 한 번도 "자기 자신을 깨닫지 못한다." 이타주의와 이기주의는 이상하게 얽혀 있다. 주어진 행위에서 어느 것이 우월하다고 쉽게 말할 수 없는데, 순수한 이기주의는 암살범의 총알처럼 확실하게 자신을 죽이는 것이고, 삶은 오직 제 인생을 구하는 것을 멈출 때만이 삶의 성취가 확실하다. 가치 있는 삶은 영웅적이고 담대하며, 위험과 모험을 열망한다. 가치 있는 삶은 기어 다니지 않고 소심하게 자신을 바라보지 않는다. 그런 삶은 독수리처럼 날개를 펴고 치솟으며 안전한 기회를 계산하는 것을 잊어버린다.

마태복음서가 반복적인 설교 형태로 배열하고 루가 복음서가 여러 이야기로 나누어 전하는 말씀들은 삶 자체가 목적인 삶의 방식에 대한 그리스도 해석의 가장 중요한 원천이다. 이런 서술에 나오는 "팔복" 즉, 모든 사례에서의 지복은 먼 보상이 아니라 살고 있는 삶의 종류와 직결된다. 지복은 어느 경우나 내적이고 본질적인 것이지, 일상적이거나 가변적이거나 마술적이거나 우발적인 것이 아니다. 지복은 삶의 종말에서 오는 것이 아니라 삶 자체와 분리될 수 없는 성질이어서―그런 종류의 삶을 사는 것이 지복을 갖는 것이다. 그런 종류의 사람이 되는 것이 *행복한* 것이다. "청결한 자(pure in heart)"는 그 효과로 하느님을 볼 수 있는 새로운 종류의 능력을 갖는 것이다. 위대한 문학이나 음악, 사랑의 즐거움이 그런 즐거움에 이르는데 필요한 단계를 밟아가는 사람에게 주는 보상이 아닌 것처럼 그 획득도 또한 그런 보상이 아니다. 삶의 보상은 그 이상이며 더 깊다. 그 결과는 과정에 수반되고 진보의 모든 단계에서 그에 상응하는 비전과 기쁨을 경험한다. 그리스도교

예언자처럼 말하는 플로티노스는, 이와 같은 높은 근거를 제시한다. 도덕적으로 살면서 그것을 넘어선 어떤 것을 바란다면, 그가 바라는 도덕적인 삶이 아니라고 말하면서.[45]

"평화 조성자"들은, 인간관계의 정상적 교제에서 사랑이 넘치도록 만들며 사는 자들이다. 그들은 은총과 이해로 상황에 대처하며, 갈등을 완화시키며, 통합과 협력을 위한 길을 남들이 볼 수 있도록 도우며, 평화를 실천하고 삶의 매력적인 방법으로 평화를 만들며, 중상모략을 하지도 듣지도 않고, 사랑의 길을 최대한으로 이르게 노력한다.―그리고 좀 더 노력하여 신의 자녀로 "인정받는다." 그들이 평범한 가계(家系)를 갖지 않았음을 누구나 알 수 있다. 그들은, 우리가 매우 익숙한 압박감 때문에 나타난 것이 아니다. 그들은 "존재를 위한 투쟁"과 "권리"를 위한 추동력 이상의 다른 질서를 보여준다. 그러나 "보상"은 이러한 삶과 연결하기에는 적합한 말이 아니다. 그들은 단순히 그러한 종류의 사람들이며, 탁월한 보상은 그러한 삶의 방식을 발견한 것에 대한 만족감이다. 모든 지복은 종류와 본질에서 이와 유사하다. 선에 대해 배고프고 목마른 것은 선을 얻기 위한 방식이다. 선은 오직 선을 위한 열정을 가진 사람들에 의해 성취되며, 한 번 더 그 태도는 선 자체의 보상이다. 뛰어난 통찰력을 가진 그리스도는 의인들이 복 받는다고 말하지 않는다. 지복은 가깝고 쉬운 종착점에 이르는 불길한 위험 없이 계속 의를 추구하는 열망에 달려있다고 그리스도는 말한다.

그리스도는 어떤 값싼 보상에 눈을 돌려 수행한 성취를 삶의 내적인

---

45) 딘 잉에의 플로티노스 철학에서 인용됨, Vol Ⅱ, p.23.
   덕을 바라는 사람은 덕을 실천하는 것 이외에 다른 보상 등을 바라지 않을 것이다. 만약 그런 보상 등을 바란다면 덕을 바란다고 할 수 없기 때문이다. 그렇다고 사람이 도덕적 행동을 하면서 덕을 실천할 때 그러한 실천 이외의 어떤 것도 바라지 않는다고 할 수는 없을 것이다. 더 완전한 덕과 도덕적 실천을 바랄 수 있다. 이런 경우 자신이 아직 실현하지 못한 완전한 덕을 바란다고 할 수 있다. (역자 주).

성질에 대립하는 것으로 간주한다. 예를 들어 거리 모퉁이에서 "사람들에게 보이려고" 기도하는 사람들은 자기들의 보상을 얻겠지만, 이것이 야말로 비극이다. 가까이 둔 목표와 그 달성은 삶을 정지하고 패배시킨다. 자선의 행위를 트럼펫을 불며 외치고 경건한 활동을 보이기 위해 쇼를 하는 사람들은 단지 자신들이 "보상을 얻는" 이유만으로 애석할 수밖에 없다. 그들은 출발하기도 전에 거의 도착한다. 그들은 언제나 되돌아오는 곡선에 운명 지워져 있고 어떤 무한한 확장의 길로 출발하지 못한다. 바로 여기에 이차적 목적과 근본 목적 사이의 차이가 자리 잡고 있다. 전자는 가깝고 쉬운 목표에서 끝나게 해서 탐구자를 저지하는 가까운 지점에 내리게 한다. 탐구자는 자신의 이정표대로 여행하고 그러한 작업을 되풀이한다. 그는 일정하고 안전한, 계산 가능하고, 반복적인, 믿을 만한 측정 가능한 한계 안에서 움직이는—하지만 종착역은 너무 가까운!—셔틀 기차와 같을 뿐이다.

후자의 형태는 아주 다르다. 무한하고 영원한 것이 더 위대한 종류의 모든 수행에 포함되어 있다. 그들은 수학적 계산을 물리치고 주요지형지물이나 이정표가 보이지 않는 목적을 향해 떠난다. "나는 몇 번이나 형제를 용서해야 하는가?" 앞 부류의 한 사람이 묻는다. 그는 한계를 알기를 원한다. 그는 끝을 정해 주기를 바란다. 그는 멋진 완전수로 "일곱 번"을 제안한다. 그러한 용서가 끝난 후에 본능이 뒤따라 나오리라. "아니다, 일곱 번이 아니라 일곱 번을 일흔 번이나 용서하라"고 예수는 말한다. 이것은 아이들이 말하는 것처럼 "억수로"라는 셀 수 없는 숫자를 말하는 경구이다. 용서하는 정신에는 끝이 없다. 사랑에는 어떤 경계도 없다. 고단에서 저단으로 바꾸는 기어 변속은 없다. 이런 삶의 방식의 전체적 과제는 차분하고 단순한 말에서 빛을 발한다. 당신은 *아버지, 하느님*이 완전하심과 같이 완전할 수 있다(마태 5: 48). 이 가르침에는 새롭고 유일무이한 어떤 것이 있다. 이것은 종말론이 아니라 삶이다. 그 목표는 영혼이 노동에서 해방되고 안락함과 평화 속에서 영원히 주어지는 보상을 즐기며 사는 행복한 천국이 아니다.—영적 싸움을 끝내고서야 승리의 왕관을 쓴다. 영적 삶의 길은—더 이상 셔틀처럼 왕복되는 일이 아니라—곡선에 접근하는 점근선처럼 펼쳐진다. *하느님처럼* 되는 것이 목적이다. *하느님*이 사랑하는 것처럼 사랑하고, *하느님*이 용서하는 것처럼 용서하고, *하느님*이 하는 것처럼 권리와 정의 대신에 은총을 베풀고, *하느님*이 하는 것처럼 진·선·미를 사랑하는 것.—그것이 근본 목적을 위해 사는 것이요, 그 근본 목적을 위해 우리는 무한하고 영원한 존재로 창조되었다. 지체하거나 마지막 보상을 받는 어떤 장소도 없다.—"여기에 하느님의 영광이 계속해서 함께 할 것이다."

4

그리스도는 인간에게 *살기 위해 사는* 삶의 방식[46]을 요구한다고 나는 느슨하게 암시해 왔다. 우리는 그것을 오해해서 약한 이기주의적 의미로 받아들이기 쉽다. 그것은 무엇보다도, 간단히 보상이 그자체로 목적이 되는 이차적이고 다소 환상적인 보상에 만족하는 것에 그치는 것이 아니라, 쌓이고 확장되어 새로운 차원으로 이끄는 삶의 방식을 의미한다. 그러나 그것은 그 이상을 의미하고, 그리스도의 사유 안에서 삶이 영적으로 확장, 진화, 발전하면서 어떤 *삶*이 열리는지 보려고 애를 쓸 때만이 삶의 의미를 발견할 수 있다. 그러한 삶의 길은 겨자씨의 아주 작은 싹이나 효모의 포자처럼 시작하지만 그 안에 *하느님*처럼 되는 능력이 깃들어 있다. 삶에 대한 그런 놀라운 성취가 부족한 우리

---

46) 이런 삶의 방식을 저자는 근본 목적을 추구하는 삶이라고 본다. (역자 주).

같은 영적 존재에게 아직 어떤 적합한 목적도 없어 보인다. 그러나 이기주의의 외로운 길을 따라가서는 완전한 단계를 향한 어떤 정신적 발전의 가능성도 없다. 고독한 개별적 자아의 권리와 특혜를 보호, 보존, 유지하려고 사는 것은 가난하고 빈약한 자아를 위험에 빠뜨리며 죽음의 위험에 노출시키게 된다.[47]

우리는 의심 없이 *하느님*을 자신의 명예와 영광에만 열중하고, 신성하고 완전한 자신에만 몰두한 나머지—너무 거룩해서 이 땅에 발 디디고 사는 죄 많은 사람들과는 아무런 교류도 없는 존재로 간주하곤 했다. 그러나 **그리스도**를 아는 사람들에게는 *하느님*에 대한 이런 관점은 사라졌다. 그런 관점은 **그리스도**의 계시에 비추어 본다면 한순간도 존재할 수 없다. 계시 속에서 그리스도는 자신의 최고의 영광이 우리 같은 죄 많고 무기력한 존재에게 사랑과 애정으로 자신을 내어주는 은총의 *하느님*이다. 항상 자신의 위엄과 명예를 지키려 지고의 통치자로서 질투하는 하느님에 대한 개념은 그리스도의 사유 안에는 발붙일 곳이 없다. 그리스도의 하느님은 통치자가 아니다. 하느님은 사랑하는 아버지로서, 아버지의 내적 본성과 성격은 자녀들의 죄와 결함과 실수에 대해서 스스로 아파하며, 자신이 자녀들을 위해서 희생하도록 준비하고 애쓰도록 만든다. 하느님은 오직 은혜 주심과 나눔, 사랑만으로 충분히 영적으로 만들어지는 우리가 하느님과 가장 가까운 상호 관계를 맺고 사랑하도록 이끈다. 그렇게 "*하느님*처럼 된다는 것"은 자아를 죽이고, 이기주의를 없애며, "이 방식"으로 진지하게 살고자 하는 사람들을 자기 부인과 희생적 행동으로 안내하는 삶의 방식이다. 그러나 "희생"이 율법과 영적 삶의 방식에 따르면 순수한 사랑과 헌신에서 즐겁게 나오는

---

47) 여기서 말하는 '개별적 자아'는 개인주의적 자아를 말한다. 다른 사람과 고립된 채로 출발하는 원자적 자아는 사회계약론과 자유주의에서 기본 원리로 받아들인다. 저자는 이런 입장을 진정한 자기실현을 이루지 못하고 사람을 죽음에 이르게 한다고 비판한다. (역자 주).

행위를 기술하는데 꼭 어울리는 용어는 아니다. 그리스도 예수의 삶의 정신을 따르는 법칙은 "희생"이라는 냉혹한 말보다는 그리스도 예수의 삶을 더 참되게 드러내는 빛을 발하는 것과 충실성이다.

5

이런 종류의 삶이 혼자 하는 과업으로서가 아니라 하느님 나라로서 어떻게 정상적이고 자연스럽게 *나타나는지* 볼 때 그 의미를 가장 잘 파악할 수 있다. 삶의 가장 위대한 모든 스승들은 개인의 삶은 더 넓은 집단 안에서 자신을 발견하고 성취해야 한다고 주장해 왔다. 플라톤의 『*국가*』는 개인인 *소우주*가 사회 전체인 *대우주* 안에서 어떻게 보이고 파악되어야 하는지를 말해주는 고전적 시도이다. 아리스토텔레스도 같은 방식으로 타인과 맺는 관계를 통해 드러나는 "선한 사람"의 윤리적 특성과 덕을 본다. 그는 홀로 떨어진 인간은 전혀 인간이 아닌 것으로 간주한다. 이런 사회적 집단 관념은 중력이 물리학의 본질인 것처럼 오늘날의 윤리적 선의 이론에 필수적인 것이 되었다. 이런 집단 관념은 또한 갈릴리적 삶의 방식의 의미와 성취에 분리할 수 없게 결합되어 있다. *살기 위해 사는 것*은(근본 목적을 추구하는 것)[48] 왕국의 유기체적 부분으로서 친교의 삶을 사는 것인데, 이런 삶은 가시적이고 일시적 형태로, 끊임없이 성장하고 전개되는 정도로—신성한 삶의 마음과 목적과 정신—*하느님*의 의지를 나타낸다. 진짜 포도나무를 만들기 위해 수액이 모든 가지와 싹에 쏟아 부어지는 것처럼 여기 이 왕국에서 *하느님*의 생명이 구분되어 유한한 생명에 부어진다. 이것이 영적 인간성이라는 거대한 우주 나무이다. 우리가 지금 보는 것처럼 아직 겨자씨로

---

48) 괄호 역자 추가.

머물러 있는 불완전한 단계에 있는 이 왕국조차도 오늘 이 세상에 함께 하는 *하느님*의 가장 인상적인 계시이다. 이것이야말로 *하느님*의 의지와 생명과 사랑이 충분히 계시될 수 있는 유일한 방식이다. 사랑이 다른 어느 곳보다 충분히 작동하는 공동체 삶에서, 우리는 역사하는 *위대한 생명*의 빛과, 지금은 소수가 보는 것을 모두가 보게 될 그 왕국의 예언을 붙잡는다.

삶은 유기체 형태로 완성되는데, 그 안에서는 전체가 항상 부분의 합보다 더 크다. *하느님* 나라는 부분이 부분에 기여하고 모든 부분이 연합하여 전체의 생명을 표현하는 살아있는 전체—정신적 신체, "복받은 공동체"—가 아직 출현하지 않은 유기체의 가장 높은 형태이다. 각 구성원은 목적이자 수단이며, 그 자체로 목적이고 삶의 성취와 전체의 목적을 위한 수단이다. 우리는 보상에 초점을 맞추거나 고통보다 더 큰 쾌락을 얻으려는 삶의 계획에서 벗어날 수 있을 만큼 떨어져 있다. 사실상 우리는 타산이나 인과의 범주를 넘어서서 유기체적 삶의 방식으로 들어왔다. 이런 유기체적 삶에서 각자는 모두를 위해서 살며, *전체의 삶(the Life of the Whole)*에 대한 해석이 각각의 단위 구성원들의 과제가 되면서 동시에 기쁨이 된다. 그러한 왕국의 형성과 삶이, *복음서*에서 제시된 *그리스도*를 위한 삶의 근본 목적이다. 그리스도의 목적은 수평적인 거리로는 그러한 협력적인 형제애 안에 있는 모든 인간을 포함하고, 수직적인 높이로는 모든 사람을 가족애 안에서, *하느님*의 의지를 행하는 *하느님*의 아들이라는 의식을 충분히 갖도록 높이는 것이다. 여기서 한 번 더 그리스도가 강조하는 것은 삶과 행동에 있지 이론이나 정의(定意, definition)에 있지 않다. *하느님* 나라는 인간이 *행하는* 어떤 것이지, 그들이 가고자 하는 어떤 장소가 아니다. 모범적인 기도자는 하느님 나라가 도래하기를 간구하고 곧바로 "당신의 뜻이 이 땅에서도 이루어지기"를 덧붙여 해명한다. *하느님*의 의지가 이루어지는 곳이 왕국이요,

우리가 *하느님*과 하나 되어 *하느님*의 의지를 이 세상 곳곳에서, 또는 여기 작은 부분에서 실행하려고 노력할 때, 우리는 이미 그 왕국 안에 있게 된다.

이런 모든 것은 의심할 여지없이 멀기만 하고, 사변적이며, 꿈같이 들린다. 과학자는 이러한 것들이 *사실의 문제*가 아니고, 자료나 법칙, 범주도 없는 영역으로 들어가고 있다고 말할 것이다. 나중 강의에서 나는 우리가 세우려고 하는 굳건한 토대를 "사실"처럼 "가치"가 제공한다는 점을 지적할 것이다.[49] 여기 정신 영역에서도 수학의 범주처럼 믿을 만한 작용 법칙과 범주가 있다는 점도 지적할 것이다. 유기적이며 정신적인 삶의 방식이 중력이론처럼 참으로 논증될 수 있는 것으로 *작동하며* 자신을 검증한다는 것을 보여주는 충분한 *자료*가 있다. 과학 자체는 인간의 지식분야로서 연륜이 매우 짧다는 것을 기억해야 한다. 3백 년 전만 해도 과학은 검증된 자료나 보편법칙이 거의 없었다. 지난 3세기 동안의 과학의 거대한 진보는 참된 과학의 근거가 발견되고 건전한 *방법*이 생각난 사실에 기인한다. 이 단계에 도달한 후, 발견은 다른 발견을 낳고, 발견한 모든 진리는 탐구자를 더 높은 진리로 나아가도록 고무시키면서 과학의 거대하고 권위적인 체계가 천천히 확립되었다. 종교 영역에서 우리는 그동안 종교의 토대를 참된 근거와 건전한 방법 위에 깊고 단단하게 세우는 일에 진지한 노력 없이 변덕스럽게 계속해 온 것으로 만족해왔다. 만약 종교가 과학처럼, 거부할 수 없는 과정에 따라 성숙하고 발전할 수 있도록 그러한 원천적 작업에서 성공한다면, 종교는 더 이상 구름에 어른거리는 무지갯빛이 아니고, 일상적 삶의 통상적 일과 복잡성에 꾸준한 빛과 영감이 될 것이다.

미래의 *보편* 종교가 세워질 근본적 근거와 구성적 방법이 결국 인간 영혼의 기본적 본질에서 발견될 것으로 나는 확신한다. 우리는

---

49) 저자는 이 책의 6장에서 이점을 설명하고 있다. (역자 주).

왜 인간이 변할 수 없이 종교적인지, 왜 인간은 자신의 마음 안에 영원성을 갖는지, 왜 인간은 *하느님* 안에서 안식할 때까지 불안한지를 발견할 것이다. 이런 깊은 근거와 중심은, 인간이 *사유*에 대한 무한한 능력을 갖고 있다는 사실에서보다는 인간이 삶의 적합한 목적을 갖지 않으면 안 되게끔 창조되었다는 사실에서 발견될 것이다. 인간 삶에서 매력적인 목적을 상실하는 것보다 육체적 삶을 빠르게 파멸시키는 것은 없을 것이다. 인간은 영원히 자신의 전체를 발견하려고 애쓰지만, 그 산발적 탐구는 자신을 **막다른 골목(*cul-de-sac*)**으로 몰고 가거나, 혹은 에머슨(Emerson)의 말처럼, "다람쥐 구멍이 나 있는 나무로" 이끈다. 인간의 부차적인 목적은 항상 그랬듯이 좌절, 환멸, 패배를 가져온다. 인간이 언젠가, 그 목적을 자신의 본성에 따라 추구해서 황홀하고 승리하는 삶이 되도록 하는 그런 참된 목적을 찾게 하라. 그리스도의 복음에 따른 참된 목적은, 서로 사랑해서 협력하고 *하느님*과 연합하여 영원한 우주인 영적 *세계*의 조직과 망을 형성하여 *하느님* 나라를 이루고, 정신적 유기체가 되며, 인격을 지닌 동료애를 갖추는 것이다. 이러한 목적으로 우리는 태어났고 이러한 이유로 우리는 이런 실재를 증언할 수 있고 이런 실재의 법칙과 원리, 고요하고 위력적인 힘을 드러낼 수 있는 이 세계에 왔다.

제4장
칸트의 목적의 왕국

1

우리에게 가장 흥미로운 질문 중 하나는 능동적 의지가 지식의 영역에서 작용하는 역할과 관련된다. 인간은 이미 *거기에* 존재하는 세계를 보고, 그대로 정확히 알리는 관객일 뿐인가, **혹은** 자신의 정신 작용에서 창조적 요소를 갖는 자인가? 내가 제기하는 모든 질문처럼 이것 역시 매우 오래된 물음이고, 정교하고 복잡한 용어가 이 문제를 토론하기 위해서 생겨났다. 나는 가능한 한 이러한 기술적(technical) 용어들을 무시하고 필수적이고 통상적인 언어로 제시할 것이다. 그러나 나는 여기서 정신적 성향과 구조의 깊은 토대로 내려가는 문제를 다룬다는 것을 청중과 독자들이 상기하기를 바란다.

근대철학사에서 **로크, 버클리, 흄**이라는 3인의 위대한 영국 철학자들은, 지식이 전반적으로 감각적 단위에서 만들어지며 이런 단위들의 복사물이라는 점에서 의견을 같이 한다. 그들은 이러한 단위와 복사물을 다른 이름으로 부르며, 그러한 단위의 기원에 대해서 다양한 결론에 도달하지만 마지막 분석에서 정신은 오직 자신이 수용하고 재생하는 것만을 *가지며, 또 가질 수 있다*고 한다. 로크는 "실재론자"이고, 버클리는 "관념론자"이며, 흄은 "현상론자"인데, 이들 모두 정신의 최고 기능이 이미 거기에 있는 것을 수용하고, 보고하고, 이들에 대한 관객임을 주장하는 경험론자이다.[50] 그들의 사유는 곧 인간의 고정된 확신에

---

50) 이들은 모두 경험론자로서 감각적 지각이라는 경험에 의해서 수용된 관념을

혼란을 야기했고, 오랜 기간 칸트가 빠져 있던 자칭 "독단의 잠"에서 그를 깨웠다.[51] 지성의 세계는 *교착상태*에 빠졌고 기존의 경로를 따라서는 더 이상 앞으로 나아갈 수 없었다. 소크라테스 시대처럼 한 번 더 전반적인 지식의 문제에 대한 새로운 접근방법이 발견되어야 하거나 오랜 기간 동안 엄청난 회의주의와 의심에서 허둥댈 운명이었다. 그 시대가 낳은 괴테는『파우스트』에 나오는 '땅의 영혼'이라는 유명한 노래에서 이러한 세상의 지성적이고 도덕적인 집의 붕괴를 읊고 있다.

당신은 파괴했다,

아름다운 세상을,

강력한 주먹으로!

세상은 폐허 속에 던져졌다,

반신반인의 강타로 산산조각이 났다!

우리는 허공에 흩어진 파편들을 나른다,

탄식하면서

회복하지 못한 채 소멸한 아름다움을.

지식의 기본 단위로 간주한다. 그러나 로크는 경험의 주체로서 영혼이 사유실체로서 있으면서 물질실체를 지각의 원인자로 간주하기 때문에 "실재론자(realist)"라고 한다. 이에 반해 버클리는 사유실체로서 영혼만이 실체이며, 영혼이 지각한 관념이 곧 존재하는 것이라고 본다. 이런 점에서 버클리는 주관적인 "관념론자(mentalist)"라고 한다. 그 반면에 흄은 사유실체나 물질실체 모두 실체라는 것을 인정하지 않고 지각된 것으로서 현상이 곧 존재한다고 본다. 이것이 흄이 "현상론자(phenomenalist)"라고 불리는 이유가 된다. (역자 주).

51) 데까르트는 방법적 의심을 제기하면서도 이성이 명석(clear) 판명하게(distinct), 의심의 여지없이 확실하게 자아실체나 사물실체를 파악할 수 있다고 본다. 이렇게 인간 이성이 실재를 그 자체로 파악할 수 있다는 입장을 근대 합리론에 가까운 독단론으로 간주할 수 있다. 칸트가 흄의 영향을 받아 독단의 잠에서 깨어났다는 것은 합리론의 입장에서 벗어났다는 것을 의미한다. 물론 철학사에서 칸트를 합리론과 경험론을 비판적으로 종합한 것으로 평가한다. 인식의 재료는 경험론의 지각을, 인식의 형식은 합리론의 개념을 받아들인 것으로 본다. (역자 주).

새로운 접근법을 발견하고 새로운 시대를 열어 그 이후로 인간 사유의 모든 흐름이 나오는 분수령이 된 것은 다름 아닌 칸트였다. 지성적·도덕적 세계가 다시 세워져야 한다면 인간 자신의 내적 자아 안에서 이루어져야 한다고 칸트는 보았다.

인간의 아들이 더 강해져서
세상을 다시 더 빛나게 세운다;
당신 자신의 가슴 속에
그것을 새롭게 세운다.

그 세계가 인간의 전체적인 정신 구조의 본질에서 더 확고한 토대를 발견하여 다시 세워져야 해서 그는 영웅적 인내심으로 이런 고상한 과업에 여생을 바쳤다.

칸트는 빈약한 지성적 도구를 가지고 평생 저작에 몰두해야만 했다. 우리의 용어 감각에 맞는 심리학은 아직 탄생하지 않았다. 그 당시 지적 분위기를 형성한 "계몽주의 시기"의 합리주의는 건조하고 새로운 것이 없었고, 칸트는 상황의 필연성에 의해서 정신을 단절시키고, 부수적으로 우주까지 빈틈없는 객실처럼 추상적 구분으로 나누었다.[52] 솔로몬이 아이를 두고 다투는 어머니들에게 나눠가지라고 한 (신체의) 부분들을 통합시킬 수 없는 것처럼, 한번 분리된 것은 유기적 통일성을 다시 회복할 수 없었다. 그러나 단테가 했듯이, 최고의 천재는 새로운 형태를 갖는 매우 견고한 사유 체계를 강요할 수 있으며, 매우 불완전한

---

52) 칸트는 순수이성비판, 실천이성비판, 판단력 비판이란 책에서 각각 순수이성, 실천이성, 미적 판단을 내리는 이성을 서로 단절된 것으로 구분한다. 그리고 오성에 의해서 필연적 진리로 규정된 현상계와 이성에 의해 요청되는 물자체에 해당하는 이념계를 구분한다. 이런 이념계는 실천이성에 따른 윤리적 차원, 판단력 비판에 따른 미적 차원, 최고선과 행복, 객관적 목적을 요청하는 종교적 차원 등이 서로 다르게 구분된다. (역자 주).

언어를 불멸의 정신적 메시지의 전달자가 되게 한다. 칸트는 그러한 천재였으며 그의 세 가지 비판과 비판철학에 대한 여러 공헌은 인류역사에서 가장 위대한 정신 혁명 중의 하나가 되었다. 칸트에 대한 새로운 연구에서 제임스 워드(James Ward)는 "어떤 철학자도(플라톤과 아리스토텔레스조차도), 문학, 해설, 문헌학이나 논쟁에서 칸트만큼 다루어진다고 주장할 수 없다"[53]는 것은 명백한 사실이라고 말한다. 우주와 인간 정신에 대한 칸트의 해석은 플라톤 이래로 가장 인상적이고 창조적이며 다른 어떤 사상가의 해석보다 더 깊이 있게 토론되었다.

우리는 칸트가 멈춘 곳에서 멈출 수 없다. 우리는 그의 결론을 최종적인 것으로서 받아들일 수 없으며, 우리의 사유 안에서 아무런 설명 없이 안전하게 칸트를 소홀히 하거나 빠뜨릴 수 없다. 조시아 로이시(Josiah Royce)가 그 점을 아주 잘 표현한 것처럼, 칸트는 "우리 세기의 사변적 전쟁의 존 브라운"[54]이다—칸트 자신은 죽었을지라도 그의 영혼은 전쟁 내내 행진을 하고 있기 때문이다. 1898년 캘리포니아 대학의 철학 학부장 취임 연설보다 사랑하는 나의 스승 윌리엄 제임스의 변덕스러운 고집과 철학적 한계를 더 잘 드러내는 구절을 찾기는 어려울 것이다. "칸트의 정신은 모든 고대장식품 박물관 중에 가장 희귀하고 복잡한 것이며, 감정가와 호사가는 항상 그곳을 방문하고 경이롭고 흥분되는 골동품을 보기를 바랄 것이다. 칸트의 작품 안에서 받게 되는 노신사의 느낌은 정말 멋이 있다. 그러나 여기 있는 여러분 앞에서 이런 말을 하는 것이 겁이 나지만 그는 정말로 밑바닥에 있는 단순한 골동품, 견본에 불과하다. 나는 이 표현에 분명한 의미를 부여하겠다. 내 생각에 칸트는 철학에 필수적이지만 칸트 이전에 없었거나, 칸트

---

53) 어떤 철학자도 문학이나 해설, 논쟁 등에서 칸트보다 더 많이 다루어지지 않았다는 것이다. 칸트가 어떤 철학자보다도 더 많이 거론되었다는 것이다. 그만큼 사상사에서 칸트 철학의 영향력이 크다는 것을 말한다. (역자 주).

54) 미국의 광신적인 노예제도 폐지 운동가. (역자 주).

이후에 반드시 획득하게 되는 유일한 개념을 물려주지 않았다. 이러한 개념이 과학이 자연을 해석하는 가설에 대해 인간의 반성이 성장하여 획득하도록 운명 지워진 것이 아니기 때문이다.[55] 간단히 말해서 내가 보기에 철학의 참된 진보 방향은 칸트를 관통해서라기보다는 오히려 칸트 주위에 있는,—우리가 현재 서 있는—그 지점이다. 철학은 완전히 칸트 이전에 선점되어 직접적으로 오래된 영국 경험론자들의 노선을 연장함으로써 자신을 충실하게 세울 수 있다."[56] 제임스가 환상을 깨뜨리지 못한 급진적 경험주의자이고 그의 사유 체계의 족보가 "오래된 영국의 노선" 가운데 드러난다. 제임스는 우리에게 심리학에서 큰 영감을 일으키는 리더십을 발휘했지만 현대 세계의 심오한 문제에 대한 적절한 철학을 구성할 수 없었다. 만일 제임스가 비판철학의 큰 공헌을 무시해도 될 정도의 "고리"로 취급하는 대신에 비판철학의 기반까지 내려가서 그 의미를 철저히 파악했더라면 우리의 사랑스런 친구인 그의 탁월한 업적의 영원한 가치가 더 컸을 것이다.

모든 사람이 아는 것처럼, 칸트는 *존재*에서 *당위*로 이행하는 것을 포함해서, 우연적인 사실의 계열에 대한 지식이 아니라 보편적이고 절대적이며 필연적인 지식을 의미하는 그러한 *지식*이 어떻게 가능한지 발견하고자 하는 것에서 출발한다.[57] 그의 결론은, 그와 같은 지식의

---

55) 제임스가 보기에 칸트 인식론의 핵심인 선험적 범주에 의해 현상계를 구성하는 것이 철학사에 유일한 독창적이거나 근대 과학의 발전에 따라 필연적으로 이끌어지는 것이 아니라는 것이다. 이런 점에서 철학의 발전은 칸트를 통해서 가는 것이 아니라 칸트와 더불어 간다고 본다. 오히려 칸트 주변에 있는 영국 경험론이 철학적 진보의 올바른 방향이라고 본다. (역자 주).

56) 제임스의 *Collected Essays and Reviews*, pp. 436-7.

57) 흄이 근대과학의 인과필연의 법칙을 의심하고 부정한 데 반해 칸트는 근대과학 이론이 필연적 법칙이라는 확신을 갖고 이를 인식론으로 뒷받침하려고 했다. 그래서 칸트는 『순수이성비판』이라는 저서에서 자연과학과 수학적 지식에 해당하는 보편타당한 "선천적 종합판단이 어떻게 가능한가"는 물음을 제시하고 이에 답하려고 하였다. (역자 주).

본질적 조건은 정신 자체의 본성과 구조에서 발견되어야 한다는 것이다. 여기서 우리는, 칸트 자신이 '코페르니쿠스적 혁명'이라고 부른 그의 가장 혁명적 입장을 만나게 된다. 그는 수용자라는 정신의 약한 가설에서 모든 경험에서 창조적 인자(因子)라는 정신의 강한 가설로 이행한다. 즉 관객으로서의 정신에서 조직자이고 건축가로서의 정신으로 전환한다. 그가 정신을 중심에 세울지라도 그럼에도 불구하고 완전히 관념론의 입장으로 몰아가는 것을 철저히 거부한다.[58] 정신은 창조적 인자인데, 오직 한 인자일 뿐이다. 거기에는 지식의 두 가지 가닥이 있다. (1) 정신이 경험의 "질료(matter)"로서 감각을 통해서 수용하는 것 (2) 지식의 일정하고 보편적이고 필연적인 측면이 나오게 되는 정신 자체의 타고난 형식 또는 구성적 능력. 오로지 수용적인 정신은 기껏해야 무엇이 **발생하고 있는지** 말할 수 있을 뿐 무엇이 발생해야 하는지를 말할 수 없다.[59] 칸트의 진단은 진리를 알고 선을 선택하고 미를 추구하는 정신의 형식, 구조, 성향과 타고난 능력이 무엇이어야 하는지를 발견하기 위한 탐구이다.

이성적 과정의 각 단계마다 칸트는 **정신자체의 구성적 구조** 안에서, 모든 인간 경험에 전제된 본질적 조건인 정신의 근본 능력 안에서 우리의 지성적·도덕적 성취의 근거와 토대를 발견한다. 예를 들어 공간과 시간은, 어떤 대상을 어쨌든 경험 대상으로 이해하도록 전제되어져야

---

58) 칸트는 외부 대상에서 감각으로 수용된 질료에 오성이 경험 이전에 갖는 범주를 적용하여 현상계의 존재자를 규정한다고 한다. 이렇게 인간에게 실제 존재자로 파악되는 것은 반드시 정신 밖에 있는 어떤 것이 원인이 되어 수용된 감각 자료를 가져야 한다. 이에 반해 관념론은 정신 밖에 어떤 실재도 인정하지 않고 모든 실재가 정신이 자기 자신을 대상으로 삼아 규정하는 것이라고 본다. 이점에서 칸트는 관념론과 구분되는데, 그의 이런 입장은 현상계와 현상계를 넘어선 물자체가 분리되는 이원론을 낳게 된다. (역자 주).

59) 오성(Verstand)은 감성적 직관으로 수용된 자료에 범주를 적용하여 사실적 규정을 내릴 뿐이다. 오성이 적용하는 범주에는 당위적 형식이 없으므로 사물에 목적론적 질서에 따른 당위적 성격을 부여할 수 없다. (역자 주).

하는 일차적 조건[60]이기 때문에 지각의 경험 과정을 통해서 얻는 것이 아니다. 공간이 정신의 구성에 포함된다는 근거를 제외하고서는 순수한 수학적 진리의 절대적 확실성을 설명할 수 없으며, 경험을 넘어서 미래의 공간결정을 위한 보편적 법칙을 규정하는 우리의 능력을 설명할 수 없다. 칸트는 심리학적 방법보다는 오히려 비판적 절차에 의해서 공간과 시간에 관련된 자신의 결론에 도달한다. 그러나 오늘날 심리학자들 사이에 논쟁이 되는 문제에 대해서 만장일치가 아닐지라도 많은 심리학자들은 심리학적 방법으로 유사한 결론을 이끌어낸다. 공간에 대한 정신적 자극 이론을 수용하는 사람들은 우리는 공간적 지각능력을 타고 났으며 그러한 지각능력이 타고난 구성 요소로 규정되며, 공간 속성에 대한 인식은 정신의 본질적 구조에 내재하는 정신 활동으로 달성된다고 주장한다. 물이 수소와 산소의 접촉으로 "탄생하는" 것처럼 공간은 정신이 감각-경험을 할 때 어떻게든 "태어난다."

칸트가 '오성적 인식'이나 사유라고 부르는, (감각 경험보다)[61] 더 높은 수준의 경험에서 다음과 같은 전제에서만 확실성과 필연성을 획득할 수 있다고 다시 한 번 인정하지 않을 수 없다. 그 전제는 정신은 우리의 경험 항목들을 단일하게 통합하고 종합하는 지식의 망으로 조직하는 연결 장치나 사유형식을 낳는 잘 만들어진 구조와 성향을 갖추고 있다는 것이다. 칸트는 자신이 만든 철학적 용어에서 정신의 이런 중심적 기능을 투박한 이름으로 부른다. 칸트는 이것을 "초월적

---

60) 칸트 인식론은 감성이 시간과 공간이라는 형식에 의해서 수용된 인식자료에 오성이 선험적 범주를 적용하여 판단을 내린다고 설명한다. 시간과 공간은 사물의 성질이나 이 우주에 그 자체로 있는 것이 아니라 감성이 외부 사물을 지각하는 형식이라고 본다. 감성은 외부 사물을 공간적 연장과 시간적 지속이라는 성질로 지각한다. 이렇게 지각된 자료에 범주를 적용하여 내린 판단은 더 이상 물자체가 아니라 오성에 의해 구성된 현상계라고 할 수 있다. 그의 인식론에 따르면 구성된 현상계와 그자체로 독립적인 물자체의 구분을 피할 수 없다. (역자 주).

61) 역자 추가.

통각의 통일성"[62]이라고 부르는데, 인간 정신의 본성 안에 내재된 구조적 종합 능력이 있다는 의미이다. 또한 이성적 경험[63]의 모든 사실과 사건은 영속적 자아의 지속적 통합을 통해서 하나의 살아있는 전체로 조직된다는 의미이기도 하다. 하나의 유기적 조직으로 통합되고 동일한 자아가 이해할 때까지는 어떤 것도 알지 못하고 알 수도 없다. 그래서 대상에 대한 의식은 절대적으로 자기의식의 통일성에 의해서 조건 지워진다. 칸트가 "범주"라고 부르는, 자기의식의 강력한 종합적 활동은 세계에 대한 이성적 경험[64]이 보편적이고 예측 가능한 것으로 취급될 수 있게 한다.[65]

칸트의 작품 전체─범주에 대한 형이상학적 연역─가 세세한 규칙과 논리적 가공물로 가득하다고 말해야만 할 것 같다. 노만 스미스(Norman

---

62) 이런 지각을 하고 저런 지각을 한다고 할 때, 서로 다른 지각을 하는 동일한 주체가 있는가는 의문을 제기할 수 있다. 로크나 버클리와 같은 경험주의자들도 사유주체로 기능하는 영혼을 실체로 인정한다. 그러나 흄은 이런 사유주체로서 영혼조차도 서로 다른 지각들을 묶어서 습관적으로 공통의 주체로 만들어낸 것이라고 본다. 이렇게 흄은 대상뿐 아니라 주체도 관념의 습관적 결합의 산물이라고 본다. 이에 대해 칸트는 더 이상 주체를 실체로 간주하지 않지만 그렇다고 흄처럼 습관의 결합물로 보지도 않는다. 칸트의 오성은 이런 생각을 하고 저런 생각을 하는 활동 속에서 서로 다른 생각을 하는 동일한 주체로서의 "나"가 있다는 것을 나 자신이 확인하게 된다. "생각하는 나"가 사유의 통일적 주체로서 등장하게 된다. 칸트의 모든 경험적 규정은 이런 '생각하는 나'가 통일적 주체가 되어 이루어진다. 경험 이전의 초월적 통각으로서 사유주체의 통일성이 확보되어서 모든 경험이 성립할 수 있다. (역자 주).

63) 여기서 말하는 이성적 경험(rational experience)은 이성(Vernunft)과 구분되는 오성의 인식활동으로 이루어지는 경험이다. (역자 주).

64) 각주 56)과 같은 의미다. (역자 주).

65) 오성이 생각하는 자기 자신을 동일한 주체로 확보하며, 이런 오성이 지각된 감각자료에 대상으로서 통일성을 부여하고 범주를 적용하여 판단을 내린다. "I think that S is P"가 성립한다. 현상계에 대한 모든 규정은 '생각하는 나'라는 선험적 주체에 걸려있다. 물론 "that" 이하의 규정은 감각 지각된 자료에 대해 범주를 적용하여 이루어진다. 인식 자료까지 선험적 주체의 내적 활동으로 이루어지는 것이 아니다. 이런 점에서 칸트철학은 피히테 이후의 독일 관념론과 구분된다. (역자 주).

Smith)는, "칸트의 설명은 그가 발견하고자 하는 특정한 범주의 예지(豫知)에 의해 내내 조절된다."[66]고 말한다. 칸트가 목적에 대한 어떤 범주도 발견하지 못했다는 사실은 그가 "목적"을 찾지 않았다는 사실 때문이다.[67] 칸트의 범주의 세계는 경직되고 단단하고 정지된—완료되고 안정된 세계이지, 형성되어가는, 가치를 가진 세계가 아니다. 그러나 이 세계는 언제나 더 높고 낮음, 더 좋고 나쁨이라는, 즉 가치의 상대성이 적용되고 있다는 것은 영원히 참이다.[68] 내가 표현한 것처럼, 칸트는 다양한 방식에서 방해를 받아 때때로 자신의 문제를 실제보다 더 어렵게 만들었지만 우리는 그래도 칸트가 남긴 빛나는 자취에 감사해야 할 것이다.

이러한 오성의 수준에서 다루어질 수 있는 모든 것은 범주의 본성에 의해서 필연적으로 한계 지워지고 조건 지워져야 한다. 그러나 우리 정신 안에는 여전히 더 높은 수준, 또는 더 높은 층에 모든 유한한 경험의 경계나 한계를 뛰어넘는—칸트가 이성(Vernunft)[69]이라고 부르

---

66) *A commentary to Kant's Critique*, p.193.

67) 칸트는 현상계를 구성하기 위해 오성이 적용하는 범주를 12가지로 제시한다. 양과 질, 관계, 양상에 각각 3가지씩 12 범주가 성립한다. 양에 따라 전칭·특칭·단칭이(모든 S는 P이다, 어떤 S는 P이다, 이S는 P이다), 질에 따라 긍정·부정·미정이(S는 P이다, S는 P아니다, S는 비(非)P이다) 관계에 따라 정언·가언·선언(P는 Q이다, P이면 Q이다, P이거나 Q이다), 양상에 따라 개연·실연·필연판단이(S는 P일 것이다, S는 p이다, S는 p이어야 한다) 대응된다. 특히 관계에 따라 실체와 우유, 원인과 결과, 능동과 수동의 관계를 맺는 판단이 성립한다. 이런 범주에 따르면 현상계를 목적의 성질을 갖는 것으로 규정하지 않는다. 칸트는 목적의 질서를 현상계와 다른 차원인 이념계에 속하는 것으로 요청한다. 이러한 이념계의 존재는 객관적으로 증명할 수 없지만 이성이 가정해서 수용할 수 있다고 한다. (역자 주).

68) 저자가 볼 때 이 세계 안에 사실과 구분되는 가치가 있다. 칸트에게 현상계로서의 이 세계에는 어떤 가치도 없다. 칸트는 현상계와 다른 차원에서 실천이성에 의해 규정된 가치의 세계를 인정한다. 오성에 의해 규정하는 현상계와 완전히 단절된 가치의 세계는 칸트에게는 이성에 의해서 요청된 이념의 세계다. (역자 주).

69) 칸트는 정신을 오성(verstand)과 이성(vernunft)으로 나눈다. 오성은 선험적 범주를

는—타고난 능력이 있다. 정신 앞에 대상으로 있는 것은 무엇이든 동시에 정신에 의해서 초월된다.[70] 인간 이성의 본질적 본성과 밀접히 관련된 어떤 **초월**이—아직 더—있다. 우리가 만족스럽게 풀을 뜯을 수 있는 초원은 없다. 거부할 수 없는 이성의 추동(推動)으로 우리는 모든 장벽을 뛰어넘고 우리 앞에 놓인 것에 항상 함축된 *아직 더*를 추구한다. 모든 중요한 정신적 작용에서 우리는, 사실상 이성적으로 강요당하지만, 이미 경험했거나, 경험할 수 있는 것보다 더 위대한 이상적인 통일성이나 총체성의 이념들을 계속 이용한다. 우리는 이성적으로 통일된 영원한 자아를 전제로 삼아야 하는데, 그러한 자아는 그 범위와 독특성에서 경험하거나 범주로 규정하는 모든 것을 크게 초월한다. 우리는 항상 유한한 경험이 검증할 수 없는 우주의 모든 현상에 대한 통일성과 총체성을 전제한다.[71] 우리는 "고립된 사실"이나 조정되

적용하여 일상적으로 경험하는 사실을 규정할 뿐 아니라 수학과 과학의 명제를 구성한다. 이에 반해 이성은 보편적 규정의 차원을 넘어서 영혼과 세계 자체와 같은 규제적 이념들을 탐구한다. 칸트에게 이런 규제적 이념을 탐구하는 형이상학은 더 이상 입증 가능한 학문의 영역이 아니다. 물론 이성은 오성이 내린 판단들을 결합하여 추론하는 기능을 한다. 그러나 경험적 인식의 주체는 "이성적 과정", "자아" 등으로 표현되는데, 모두 오성을 의미한다. (역자 주).

70) 인식 주체는 인식 대상을 자신과 구분한다. 오성이 주체가 되어 현상계를 규정할 때에도 규정하는 주체와 규정되는 대상이 구분된다. "I think that S is P"라고 할 때 '생각하는 나'라는 오성과 that 이하인 "S is P"라는 대상으로서 현상계가 구분된다. 여기에서 더 나아가서 오성과는 다른 이성의 본성에 따른 초월 작용이 더해진다. 이성이 서로 의존적인 주체와 대상의 근거를 물음으로써 인식활동의 원천으로서의 영혼과 대상을 근거 짓는 세계 자체의 차원에 이르게 된다. 이러한 독립적 실체로서의 영혼과 세계자체는 오성에 의해 규정되는 현상계가 아니라 이성에 의해 요청되는 물자체로서 이념계의 영역에 해당한다. (역자 주).

71) 인간 이성이 인식주체와 대상의 원인이 무엇인지를 묻고 이에 대한 해답을 찾고자 한다면 세계나 물자체와 같은 현상계를 초월한 차원에 이르게 된다. 이점은 인식주체의 방향에서도 성립한다. 생각하는 나의 활동을 근거 짓는 실체로서 영혼을 묻게 되면 마찬가지로 현상계를 초월한 차원에 들어서게 된다. 세계 자체와 영혼 등 모든 것을 근거 짓는 궁극적이고 절대적 통일성으로서 신에 이르게 된다. 이런 원리는 오성이 인식할 수 있는 현상계의 차원을 넘어서 묻고 탐구하게

지 않은 현상이 있다는 것이나, 소위 이러한 세계가 관련 없는 물질들이나 "비정상적인 모래더미"로 우연히 만들어진 "다중우주"라는 것을 정상적으로는 당장 인정할 수는 없다.[72] 우리가 그러한 경우의 본질로부터 그러한 거대한 총체성—신과 우리 자신을 포함하는 총체성—을 "경험"할 수 없을 지라도, 마지막으로 이성적인 모든 노력을 다해 더 포괄적인 통일성—실제적인 모든 것의 절대적 통일성[73]—을 주장한다. 칸트는, "지식"은 범주로 규정될 수 있는 것에 한정되어야 하며, 이성의

되는데, 칸트는 이것을 인간이 본성적으로 갖는 "형이상학적 충동" 때문이라고 한다. 여기서 현상계를 넘어선 이념계에 속하는 세계, 영혼, 자유, 신을 다루는 형이상학이 설정된다. 형이상학은 더 이상 수학과 자연과학처럼 학문으로서 다루어질 수 있는 차원이 아니다. 이런 초월적 활동은 인간 본성에 속하는 이성의 본질적 기능이라는 것이다. (역자 주).

72) 우주의 모든 현상에 대한 총체적 통일성을 인정한다면 여기에 벗어나는 고립된 현상이나 서로 상관없는 다중우주를 인정할 수 없다. 이럴 경우 이 세계에서 발생하는 우연적 사태를 어떻게 해명할 수 있느냐는 문제가 발생한다. 그리스철학의 질료형상론에서는 우연적 사태를 질료에 따른 무질서의 영역으로 간주할 수 있다. 그러면서도 형상적 질서에 의해서 이 세계에 목적적 질서를 부여할 수 있다. 플로티노스의 유출설에서도 질료에 따른 우연성을 허용하더라도 존재자인 한에서 일자에 의한 통일적 질서를 따를 수밖에 없다. 이에 반해 무로부터의 창조를 수용하는 그리스도교에서는 어떤 우연도 신의 섭리 아래 있기 때문에 총체적 통일성에서 벗어나지 않는다. 칸트는 우주의 총체적 통일성은 이성의 규제적 이념의 차원에서 추구되는 차원으로 학문의 영역으로 간주하지 않는다. 칸트에게서 영혼이나 자유의지, 세계, 신을 다루는 형이상학은 필연적 진리에 이르지 못하고 이율배반에 빠질 수밖에 없다고 한다. 인간 이성은 형이상학적 충동에 따라 이율배반을 피할 수 없는 형이상학에 매달리게 된다. (역자 주).

73) 칸트가 볼 때 인간이 이성에 의해 요청하는 절대적 통일성에서 위대한 총체성이 성립한다. 그러나 이 차원은 감성적 직관을 통해서 경험의 자료를 수용하여 오성이 범주를 적용해서 규정하는 학문적 지식의 영역이 아니다. 이러한 원리는 순수 이성의 형이상학적 충동에 따른 이념의 영역이다. 물론 신과 자유의지(선의지) 모두 이성에 의해서 그 존재가 증명되지 않지만 그 존재하지 않는 것도 증명되지 않는다. 그래서 칸트는 이런 이념계가 수학과 자연과학처럼 증명되는 학문과는 다른 차원에서 성립할 수 있는 길을 모색한다. 이렇게 칸트는 보편타당한 학문의 진리와는 다른 차원에서 윤리학과 종교의 성립 가능성을 확보하고자 한다. 이런 칸트의 입장과 달리 저자는 신이 객관적 진리의 원천이며, 인간 영혼이 신을 만나는 신비적 체험이 가능하다고 본다. (역자 주).

이념적 총체성은 경험의 구성적 기능이 아니라 경험의 규제적 기능으로 간주되어야 한다는 결론을 내린다. 즉 우리는 범주를 초월하지 않고서는 이성적으로 살 수 없다. 그러나 동시에 우리는 어떤 초월이 *존재하는지*를 증명할 수도 없다는 것이다![74] 나는 칸트의 이런 결론에 당장은 관심을 두지 않겠다. 내가 지금 주로 관심을 갖는 것은 칸트의 진단이 우리에게 제공하는 정신적, 영적 자아의 유형이다. 우리가 본 것처럼 모든 단계에서, 모든 상승하는 단계에서 모든 지식을 결정하고 채색하는 기능과 타고난 엄청난 능력을 가진 거대한 차원의 자아가 있다는 것이다.[75] 아래와 같이 매우 진실한 의미로 읊은 셸리는 정당하다.

> 여러 색깔을 지닌 유리 지붕처럼,
> 삶은 영원성의 하얀 빛으로 물든다.

2.

그러나 칸트가 정신의 인식 능력에 대한 비판적 연구에서 도덕적 활동을 하는 정신에 대한 연구로 전환할 때 그는 여전히 정신적 차원의 범위와 장엄함을 확장시킨다. 여기에서 나는 다시금 칸트의 "신앙"에

---

74) 오성은 범주를 적용해서 현상계를 구성한다. 이에 반해 이성은 현상계를 초월해서 인식과 존재의 근거로서 영혼, 세계, 신 등을 설정한다. 이성은 오성의 범주를 초월해서 그런 작용을 할 수밖에 없는 본성을 지닌다. 그래서 인간 이성은 이념계의 대상을 주장할 때 증명이 불가능한 이율배반에 빠지게 된다. 이런 이념계의 대상들은 객관적 증명이 불가능한 가정의 영역이다. 이런 점에서 칸트는 '이성'을 오성과 구분되는 차원에서 추리하는 기능이나 이념계의 대상을 규정하는 데 사용하고 있다. (역자 주).

75) 칸트는 증명 가능한 학문의 차원을 넘어서 이성적 요청으로 우주의 절대적 통일성으로 영원한 정신으로서 신을 제시한다. 저자는 칸트가 제시하는 절대적 통일성으로서 신을 수용하면서 칸트와 달리 신이 이성의 요청이나 가정의 차원이 아니라 참된 실재의 궁극적 원천으로서 파악될 수 있다고 본다. (역자 주).

대한 빛나는 논의보다는 오히려 그가 인간의 도덕의지의 본질에 전제된 것으로 고려하는 자아의 종류에 더 관심을 둔다. 도덕의지, 즉 선의지는 그에게서 최고의 것이며, 우리 우주 안에서, 이성으로 인지할 수 있는 우주 안에서 유일하게 절대적으로 선한 것이다. 별들은 숭고하지만 선을 실천하겠다는 인간의 도덕의지는 그보다 더 숭고하다.

우리의 위대한 것이 그렇게 먼지에 가깝고,
신이 그렇게 인간에게 가까우니,
당신은 따라야 한다고 의무가 낮게 속삭일 때,
그대의 젊음이 나는 할 수 있다고 응답하기를.

이런 도덕의지의 중요한 특징은 현상계를 초월하는 능력이다. 도덕의지는 현상계의 존재를 넘어설 수 있고, 넘어선다. 도덕의지는 자신의 자율적 능력에 의해서 당위적인 것으로 세계 이념을 구성하고 나서 *그 세계가 실제적인 것이 되도록* 행동과 행위에 의해서 계속 나아간다. 칸트에게는 여기가 도덕의 근거가 된다. 실천이성, 즉 도덕 의지는 자신에게 자기 고유의 목적을 제공하고, 현상계가 사실로서 나타내는 모든 것을 넘어서며, 실천이성은 자신의 활동을 자신의 주관적인 소망이나 욕망 또는 결과에 대한 계산에 의해서가 아니라 당위성으로서 세계의 이데아[76]에 의해서 자신의 활동을 결정한다. 충동이나 욕망에서 어떤 보편적 타당성의 원리가 발견될 수 없음을 우리는 쉽게 본다. 이것들은 개별적이며 변하기 쉬우며, 최소한 우연적이라고 말할 수 있다. 만약

---

76) 칸트가 도덕적 행위의 기준이 되는 이데아를 인정한다고 할 때 이 이데아는 보편적 법칙이기는 하지만 "객관적 실재성"을 갖지 못한다. 실천이성이 예외 없이 사람이면 누구나 따르지 않으면 안 된다고 판단한다고 하더라도 "나"라는 주관성을 벗어나서 객관성을 확보하지 못하기 때문이다. 이점에서 저자는 칸트가 확보한 당위적 의무가 '요청'을 벗어나지 못한다고 비판한다. (역자 주).

우리가 도덕 행위의 보편타당한 법칙을 발견하려고 한다면 그것은 칸트가 *정언명령(categorical imperative)*[77]이라고 부른 이성의 본질에서 찾아져야 한다. 그 법칙은 이성이 언제나, 어디서나 자신에게 부여하는 것이고 법칙의 유일한 동기는 법칙 자체와 그것의 명령에 대한 충실성을 존중하는 것일 뿐이다.

무조건적 당위로서 칸트의 정언명령은 그것이 할 수 있는 유일한 형식을 취한다. "당신의 의지의 준칙(maxim)이 언제 어디서나 행위의 보편법칙이 될 수 있게끔 그렇게 행위하라."[78] 즉, 당신은 당신의 행위에 대한 당신의 원리를 항상 보편화할 수 있게끔 그렇게 행위하라. 이런 법칙이 보편적이고 그것의 유일한 동기가 법칙 자체에 대한 존중이며 법칙을 추구하는 자율적 인간에 대한 존중이기 때문에, 이런 법칙은 새롭고 더 구체적 형식으로 전이될 수 있다고 칸트는 생각한다. "당신 자신의 인격이든, 다른 사람의 인격이든 인간성을 항상 수단이 아닌 목적으로 간주하는 것처럼 그렇게 행위하라"—결코 인간을 도구로 사용하지 말라.

인간의 이런 도덕의지가 우리 안에 있는 가장 존엄하고 창조적인 것이다. 우리가 창조적 공헌을 하는 것은 *선*을 행하려 하는 우리의 능력을 통해서이다. 외적 경험의 수준에서 우리에게 정해진 것을 수용해

---

77) 정언명령은 조건에 따라 달라지는 가언명령이 아니라 무조건 따라야 하는 명령이다. 예를 들어 "거짓말을 하지 마라"는 준칙(maxim)은 어떤 이익이나 효과 때문이 아니라 그 자체로 지켜야 하는 것이기 때문에 지켜야 한다고 본다. (역자 주).

78) 여기서 의지의 "준칙"(maxim)은 주어진 상황에서 내가 따라야 하는 도덕적 판단을 의미한다. 인간이 감정이나 충동에 휘둘리지 않고 내 실천이성에 의해서 옳다고 내려진 판단이다. 이러한 준칙이 올바르기 위해서는 보편적 입법의 원리에 맞아야 한다고 한다. 이런 조건을 충족시키는 것은 자연법이나 신명(神命)을 따르기보다는 주어진 상황에서 이 준칙을 모든 사람이 따르지 않으면 안 된다고 내가 내리는 확신이다. 내 자신이 나쁜 아니라 모든 사람이 주어진 상황에서 이 준칙을 따라야 한다고 확신할 때 보편적 입법의 원리에 타당하다고 본다. 이런 점에서 칸트의 실천이성 역시 "나"라는 주관성을 벗어나지 못한다. (역자 주).

야 한다. 우리는 원자를 창조하거나 새로운 에너지를 고안할 수 없다. 오직 있는 그대로 세계 안에 *있는 것*을 보고하거나 기술할 뿐이다. 그러나 도덕적 영역에서는 있어야 할 당위의 세계를 창조하거나 산출하도록 도울 수 있다. 공간 안에 있는 세계보다 더 깊은 우주에 속하는 것이 우리 안에 있고, 여기서 우리 존재 안에 있는 원초적인 최고의 것을 접촉하며, 우리 안에 있는 무조건적인 도덕적 능력이 거대한 함축[79]—*자유, 불멸성, 신*—을 부여한다.

나는 물론 칸트를 그 자신과 엄격히 일치하도록 만들지 않을 것이다.[80] 그러한 시도는 무익하고 무산된 모험일 것이다. 더욱이 나는 칸트의 윤리적 체계에서 무대의 근접 조명에 따라 반복해서 움직이는 '약하고 추상적 유령'을 변장시키려고 노력하지 않을 것이다.[81] 칸트는 발가벗은 이성에서 위대한 윤리적 삶을 얻으려고—헛되이—시도한다. 그는 정서와 감상을 제거하고 나서 이런 차갑고 핏기 없는 추상에서 풍부한 정신적 삶으로 이루어진 아름다운 알라딘 궁전을 마법으로 불러내려고 한다. 마치 두 가지 다른 세계인 것처럼, 칸트가 한편으로는 이성과

---

79) 칸트에게 도덕적 능력은 보편타당한 법칙을 파악해서 선의지에 의해서 추구한다는 점에서 자유와 불멸의 성격을 갖는다고 할 수 있다. 이런 차원은 현상계와 다른 이념계에 속하는 것으로 궁극적 총체성으로서 신까지 포함한다. 이 책의 저자는 이런 도덕적 근거로서 선을 파악하는 것은 자유와 불멸성, 신의 영역에 들어선 것이라고 본다. 그러나 칸트의 도덕적 능력은 자아의 주관성을 탈피하지 못하고 객관적 실재성을 확보하지 못한 요청의 차원이라는 한계를 갖는다. (역자 주).

80) 저자는 칸트 사상이 엄격히 그자체로 옳다는 입장이 아니다. 그래서 저자는 칸트 사상을 그 자체로 정확히 밝히는 것이 목적이 아니다. 그렇다고 칸트 사상을 포장해서 활용하자는 것도 아니다. 칸트 사상의 한계를 인정하면서도 주요한 원리들에 의미를 부여할 수 있다는 것이다. 예를 들어 이성의 능동적 능력이나 사실과 구분되는 가치의 차원 등이 저자가 원하는 방향으로 이끌어낼 수 있는 칸트의 핵심 원리들이다. (역자 주).

81) 저자가 보기에 칸트의 윤리체계에서 근거가 되는 실천이성이나 선의지 등이 약하고 추상적인 정령에 지나지 않는다고 본다. 이 원리에 의해서는 도덕의 객관적 기준을 확보할 수 없기 때문이다. 이런 한계를 지닌 정령을 실질적인 근거인 것처럼 위장하지 않겠다고 한다. (역자 주).

욕망 간에, 다른 한편으로는 현상계(phenomena)와 물자체(numena) 간에 도입하는 날카롭고 불가능한 분열을 나는 할 수만 있다면 숨기지 않겠다. 그때는 정돈된 구분의 시대였다. 우리는, 한 인간이 아무리 천재라고 할지라도 자신에게 주어진 환경에서 벗어나 신체적으로 고양되거나, 자신이 태어나지 않은 시대의 지적 풍조에 투사되는 것을 기대해서는 안 된다. 칸트는 자신의 획기적인 성취에 도달하는 특이하고 우회적인 방법을 갖고 있었고 결국은 그 방법이 적중했다. 추상적인 보편법칙에서 "모든 사람을 수단이 아닌 목적으로 대하라"는 위대한 구체적 원리를 이끌어내는 것은 의심의 여지없이 마법을 필요로 했다.[82] 그러나 중요한 점은 다음과 같다. 도덕적 위대함과 숭고함의 태도는 본질적으로 인간의 이성적 본성과 정신적 성향에서 나온다는 것이다. 자신의 도덕 능력 안에서 모든 인간은 자신과 다른 사람이 성취한 것을 넘어서, 자신의 본능과 성향에 따라 하는 것을 넘어서, 보상과 배상으로 행동하는 것을 넘어서 도약하는 힘을 담지한다. 그리고 자신만의 창조적이고 정신적인 통찰에 의해서 "당위적인 것"을 이루기 위해 한 발짝 앞으로 나아가는 힘을 가진다. *당위의 비전*을 위한 도약 능력은 인간의 독특한 특징이다. 도덕 능력은 인간을 사물 세계보다 더 높은 질서의 세계로 이어준다. 그것은 인간의 모든 능력 중에서 으뜸이다. 그것은 인간이 본체적 질서— 궁극적 실재의 세계—에 속하는 것을 가리킨다. 그것은 그가 적어도 자신의 깊은 자아에서 자율적이고 자유로우며, 불멸성에 대한 능력을 부여받았으며 그의 실제적 세계가 동시에 신의 세계이며, 즉 정신적 가치의 세계라는 것을 가리킨다.[83]

---

82) 실천이성의 명령으로 "네 의지의 준칙이 보편적 입법의 원리에 타당하도록 행위하라"고 할 때, 이런 형식적 원리에서 '인간을 수단으로 대하지 말고 목적으로 대하라'는 구체적 준칙이 이끌어질 수 없다. 구체적 준칙이 보편타당하다고 내가 판단한다는 점에서 주관성을 벗어날 수 없기 때문이다. 이런 점에서 칸트는 형식주의에서 벗어나지 못한다고 비판 받는다. (역자 주).

칸트는 불멸성을 사변적으로 *증명*할 수 없다는 것을 인정하면서도 증명이나 증명의 요구를 넘어서 우리를 거부할 수 없게 이끄는, 인간이성의 도덕적·정신적 본성에 있는 어떤 것을 강력히 가리키는 기억할 만한 말을 남겼다. 그는 말한다. "그 자체의 실천적 능력으로서 *이성*은 경험과 삶의 한계를 넘어 목적의 체계와 인간 존재를 확장하는 데서 정당화된다. 이 세계 생명체의 *본성의 유추*에 따르면, 이 세계에서 어떤 기관, 능력, 충동도 사용하는데 필요가 없거나 적합하지 않아서 목적이 없는 것으로 간주될 수 없다는 원리와 모든 것이 삶 속에서 정해진 목적에 부합한다는 원리를 이성은 반드시 인정해야 한다. 그러나 자신 안에 모든 것 중 최고의 목적을 포함할 수 있는 인간만이 이런 원리에서 제외되는 유일한 피조물일 것이다. 인간은 자연적 성향을 자신의 능력과 자극에 따라서 사용할 뿐 아니라, 특별히 자신 안에 있는 도덕법칙에 따라서도 사용한다. 그래서 자연적 성향은 이 삶에서 유용하고 혜택이 되는 모든 것, 그것으로 인간이 배우는 모든 것을 넘어서기에 이른다. 인간은 내적 소명을 느끼면서 이 세계 안에서 자신의 행동과 많은 혜택을 포기하면서 모든 것을 넘어서 오직 정의 의식만을 존중하고, 오직 자신의 이상으로서 더 나은 세계 시민이 되는데 적합하게 되도록 노력하게 된다."[84]

오늘날의 과학자들에게 너무 라마르크주의자처럼 들릴지 모르지만 제임스 워드는 『*목적의 왕국*』(p. 415)이라는 책에서 우리 경험의 범위를

---

83) 칸트가 인정하는 인간의 도덕능력은 수학과 자연과학에 의해서 규정되는 현상계를 초월하는 이념계에 속한다. 전통 형이상학에서 다루는 세계자체, 인간 영혼, 자유, 신 등은 더 이상 필연적으로 증명하거나 규정하는 대상이 아니다. 칸트는 이런 대상들을 학문적 인식과 다른 이념계의 차원에서 요청하고 인정한다. 저자는 칸트가 현상계의 사실적 규정의 차원을 초월해서 윤리와 종교가 성립하는 이념계를 제시하는 것을 높이 평가하면서도 그가 객관적 실재성을 인정하지 않기 때문에 소극적이고 시대적 한계를 벗어나지 못한다고 비판한다. (역자 주).

84) *The Critique of Pure Reason*, 막스 밀러에 의해 번역됨(1896년 판), pp. 803-4.

넘어서 합리적 기대에 따른 확장을 환상적인 방식으로 해석했다. 그는 말한다. "아무리 현명한 물고기라도 물보다는 땅에서 생존할 여지가 더 많다는 믿음을 정당화하거나, 혹은 땅에서 살고자 끊임없이 노력하면 부레가 허파로 바뀌는 문제를 보여줄 수는 거의 없다. 그리고 새가 공기를 헤치고 날기 전에 가장 큰 용기를 가진 모험적 파충류들이 보고 추측할 수 있는 모든 것에서, 나르려는 자신의 열망을 만족하기 위하여 겪어보지 않은 조건에서 자기 목이 위험한 가운데 자신을 보증하는 것이 거의 없는 것이 확실하다. 설령 파충류가 노력할 때 그의 앞다리가 긴 날개로 변형되고, 그의 새에 대한 희미한 예견이 자신 안에서 구현 되었을지라도 그렇다."[85]

3

도덕 의지의 요구로 예상되는 더 높은 질서의 세계를, 칸트는 번뜩이는 통찰로 "목적의 왕국"이라고 불렀다. 칸트는 적은 돈을 지출하는데 궁색한 것처럼 자신의 이념을 적용하는 데 항상 인색했고, 자신의 통찰에 적합한 해석을 덧붙이지 않았다. 목적의 왕국은 정신적 연방국이며, 각자를 수단이 아니라 목적으로 대하는 사랑으로 이루는 인간 공동체이며, 구성원들의 공동의 삶은 모두에게 보이는 가장 높은 도덕법칙에

---

85) 파충류에서 새(조류)로 진화하는 과정에서 파충류에 새에 대한 희미한 예견이 있고 이러한 예견이 실현되었다고 하더라도 이러한 진화의 방향이나 목적이 파충류에게 미리 알려진다고 할 수 없다는 것이다. 그러나 저자가 보기에 제임스 워드가 어류나 파충류의 진화과정에서 목적을 예견하고 이것을 실현하는 것을 환상적인 방식으로 인정한다는 것이다. 진화의 과정에 목적의 계기가 이렇게나마 인정될 수 있다는 것이다. 역자의 견해로는 진화론에서 일반적으로 진화의 목적과 방향이 있다는 것을 수용하기는 어려울 것이다. 다윈의 진화론에서 새로 출현하는 유전형질은 대체로 우연적으로 환경에 적응하여 살아남는다고 본다. 물론 특정 유전형질이 "적자생존"하기 위해서는 개체의 후천적인 적응노력을 완전히 배제할 수는 없을 것이다. (역자 주).

대한 공동의 충실성에 의해 구축된다. 우리 모두 공리주의와 도구주의 기준에 따라 사는 것을 멈추고, 모든 사람에게 있는 잠재적 인격능력을 우리 능력 안에서 최대한 증진시키기 위하여 사랑과 상호 존중과 일관된 목적으로 계속 살아간다면 바람직한 인간 사회가 될 것이다. 분명히 *신의 왕국*처럼 매우 천천히 세워지는 이상적 사회가 있는데, 이러한 사회의 기초와 구조, 법은 정신세계의 자유 시민으로서 우리의 이성적 존재의 본질 안에 정해진다.

그러므로 칸트에게 도덕적 의무는 그 의무가 이끄는 행동 때문이라기 보다는 도덕적 인간이 속하는 더 깊은 우주를 드러낸다는 사실 때문에 의미심장하다. 우리는 타고난 능력인 이성의 형식을 통해서 시공간 안에서 인과적으로 질서 지워진 과학의 세계를 형성하는데 협력하지만, 도덕적 의무에 순종하는 도덕적 존재로서 우리는 다른 질서의 세계, 이상의 세계인, 자유의지와 신성한 목적을 가진 세계를 발견한다. 이 세계는 우주 자체의 깊은 본성에 기반을 둔 영원하고 변하지 않는 *선의지*에 의존해서 안정과 궁극적 승리를 추구한다. 우리는 어느 세계에 서나 똑같이 잘 살 수 있다. 고정된 기계론적 인과성이 지배하는 세계이 든, 독특하고 창조적 인간으로서 이상을 갖는 목적의 세계이든 상관없 다. 시공간의 세계이든, 인격이 충분히 발휘되는 정신적 삶의 세계이든 마찬가지다. 그러나 오직 도덕 의지와 능력을 가진 인간을 통해서만이 이러한 깊은 세계가 자신을 드러낸다. (이런 인간이 아닌 다른 어떤 곳에서도)[86] 더 깊은 우주에 대한 어떤 암시도 없다.

세계 어디에서도 혹은 태양 아래서
또는 독수리의 날개나 곤충의 눈에서도.

강요 때문이 아니라 당위적인 것을 창조하려고 하기 때문에 행동하는

---

86) 역자 첨가.

인간에게서만, *영혼*이 뚫고 들어와 사물의 *마음*에서 살아가는 *의지*를 언뜻 보여준다. 이런 인성 평가가 옳고 우리가 실제로 사물의 중심에서 작용하는 *도덕 의지*의 인격적 기관이거나 적어도 그럴 수 있다면, 이 세계에서 우리의 중요한 과제는, 에머슨의 말처럼, "지금 구두를 닦게 하라"가 아니고, 사물을 만드는 것도 아니라, 가치의 창조자가 되는 것이다. 우리는, 선의 승리가 우리 안에 있든 타인 안에 있든 선의 승리를 도울 때 *신*을 가장 닮게 된다. 그러나 우리가, 그처럼 *가치가 보존되는* 도덕적이고 정신적인 우주가 있다는 신념에 사로잡히지 않는 다면, 어떤 위대하고 효과적인 의미에서 선이 승리를 할 수 없다. 우리는 물질의 보존을 인정하고 에너지의 보존을 가정하지만 한 단계 더 나아가서 가치를 보존하는 더 깊은 *정신*의 우주를 세워야 한다. 모든 협력자들과 그들의 모든 결실이 결국 죽음의 모래톱에 난파되어 다만,

'사막의 먼지로 날아가거나
혹은 철의 언덕 아래 봉인된 세상.'

되어가는 동안 개개의 선한 사람이 타인을 선한 사람으로 만들기 위해 사는 세계이어서는 안 된다.[87] 아니다, 사물의 영원한 *본성*은 *도덕적*, 지성적, 의도적이어야 하고, 어떤 선한 목적을 위한 값비싼 헌신을 *후원해야* 한다.

4

칸트가 그러한 추측에 대해 어떤 보증을 하지 않을지라도, 목적의

---

87) 우리가 사는 세상이 어떤 선을 추구하지만 어떤 선의 결실도 실제로 이루지 못하는 세상이어서는 안 된다는 것이다. 이 역시 의무론적 윤리를 내세우면서 어떤 실제적 선의 결실을 인정하지 않는 칸트를 비판하고 있다. (역자 주).

왕국이 뚫고 나와 전반적인 우주적 운동 안에서 희미하게 자신을 드러내는 암시가 있다. 칸트 시대에는 증거가 별로 많지 않았을지라도 시공간의 우주가 어떤 *극적인 중요성*을 지닌다는 것이 점점 더 분명해지고 있다. 이 우주는 어딘가에서 온 것처럼 보일 뿐 아니라 확실히 어딘가로 가고 있는 것처럼 보인다. 이 우주는 지금까지, 내내 상승 운동을 하면서 발전하는 체계로 이어 왔다. 짧은 검토로는 진보의 법칙을 수립하기 위한 많은 근거를 제시하지 못한다. 때때로 짧은 기간에 역(逆) 커브와 역류를 만나기도 한다. 그러나 우리가 긴 구간을 택하자마자 틀림없는 상승 곡선을 발견한다. 낮은 데서 높은 데로 오르는 모든 단계는 다음 단계를 위한 준비처럼 보인다. 생명체의 계열에서 "변이"와 새로운 "출현"은 전반적으로—우리가 말한 대로, 장기적으로—계속적인 진보에 도움이 된다. 이때의 곡선은 나선형이지 *결코* 원이 아니었다. 삶은 자신의 궤도에서 돌아오지 않고 계속 나아간다. 물리학, 천문학, 지질학, 생물학의 장기간에 걸친 역사적 과정이 항상 *우리*와 더 나은 계승자—이상과 선의지의 목적을 갖는 사람들—를 겨냥하고 있다고 독단적 확신을 갖고 말할 수 없다. 그러나 어쨌든 우주는 우리를 생성했고 모험하면서 더 나은 성과를 내고 있는 중이어서 우리는 우주의 주사위 놀이에서 수많은 맹목적 우연이나 행운의 결과로서 이 장면에 도달했다는 설명을 주저해야 한다. 한 소년이 그리스 글자가 든 가방을 던져서 모든 시대를 매혹시킨 "호머"의 시적 성공이 우연히 만들어지지 않고서는 『일리아드』와 『오디세이아』가, 해변 모래를 마음대로 흩뿌리며 놀던 소년들이 그리스 글자가 든 가방을 아무렇게나 던져서 만들어졌다고 결코 진지하게 주장하지 않는다. 그러나 이러한 "호머" 시행의 극적인 연속 배열들은 아메바에서 우주의 진행과 역사적 운동을 통해 전개되고, 현재의 정신적 인간 능력이 예측하는 아주 더 높은 질서에 속하는 "최고의 인류"라는 정신적 인간이 되는 극적인 중요성과 비교해 볼 때 아무것도 아니다.[88]

'(최고의 인류)

같은 의견으로 지식을 보는 자들에게서;

그들의 지휘에 지구와 지구에 속하는 것들이 있으며,

그들의 손에 자연은 열린 책과 같다.

인간은 짐승과 전혀 같지 않고,

우리가 생각하고 사랑하고 행하고, 또 바라고 고통 받은 모든 것을 위해,

그들 안에서 꽃이 피고 열매를 맺는

오직 씨앗이 있다.'

이것은 마치 모든 과정을 통해서 인간이 만들어지는 것처럼, 이익의 축적이 의도적인 것처럼, 더 깊은 세계—실제적 세계—가 드라마의 획기적 순간에 마침내 돌파구를 찾는 것처럼, 선행 원인뿐 아니라 목적이 작용한 것처럼 보인다. 나는 월트 휘트먼(Walt Whitman)처럼 "한 가닥의 실이 사물의 전체 덩어리, 모든 역사, 사냥꾼의 손에 묶인 개와 같은 모든 시간과 모든 사건을 붙들고 있다"고 말하지 않겠다. 나는 우주 안의 모든 사건이 이미 존재하는 목표를 향해 자기 머리의 머리카락에 의해 이끌어진다고 주장하지 않겠다.[89] 나도 칸트처럼 인색하게 주장하는 바는, 우주는 깊은 곳에 자리 잡은 정신적 중심을 갖는 것*처럼*

---

88) 『일리아드』와 『오디세이아』가 그리스 글자판이 든 가방을 마음대로 던져서 글자판이 우연히 결합되어 써졌다고 믿을 사람은 아무도 없다. 특정 작가나 여러 사람들의 의도에 따라 써졌기 때문이다. 저자는 자연 세계에서 인간이 하등동물에서 이성적 존재로 진화한 과정도 단지 우연적으로 이루어졌다고 믿을 수 없다는 것이다. 현재의 자신보다 더 높은 인간을 예측하는 인간의 출현은 문학 작품과는 비교할 수 없을 정도로 탁월한 업적이기 때문에 더더욱 우연적으로 생겼다고 말할 수 없다고 한다. (역자 주).

89) 그리스도교의 섭리에 따르면 이 세계에서 일어나는 한갓된 구체적이고 개별적인 우연적 사건조차도 신의 섭리에 종속된다. 이 책의 저자는 이런 입장이 아니라 이 세계가 우연 속에서도 목적적 질서를 따른다고 본다. (역자 주).

보이며, 극적인 목적이 시간의 긴 과정에 드러나는 *것처럼 보이며*, 원인뿐 아니라 목적도 작용하는 *것처럼 보이며*, "멀리 떨어져 있는 신성한 사건의," 희미한 빛과 암시가 있는 *것처럼 보인다*는 것이다.

"전체 창조물이 그것을 향해 움직인다."

5

칸트는 대표작,『판단력 비판』에서 *미*와 *목적*에 대한 대단히 중요한 연구를 통해서 두 세계—기계론적 법칙에 따른 현상계와 정신과 자유의 물자체적 세계—가 서로 다른 세계가 아니라 다른 이해의 형식을 통해서 획득된 하나의 세계라고 결론짓는다.[90] 기계론적 범주에 따르지 않는 경험적인 것들도 많다. 전체가 부분의 합보다 더 큰 모든 유기체, 미와 숭고함의 모든 대상, 자연의 모든 의도적 활동, 극적인 한에서 삶과 역사의 우주, 이것들은 모두 확실히 기계론을 넘어선다. 이것들은 자신이 지향하는 목적적 관점에서만 적절히 다루어질 수 있다. 그래서 *존재하는 모든 것*들은 하나의 유기적 통일성으로 결합하는 하나의 내재하는 정신적 *실재*(reality)내지는 사물들의 하나의 내적 *생명*(life)이 있다는 것을 인식하는 것이 가능하다고 칸트는 결론짓는다. 우리는 경험을 시·공간이라는 형식, 양과 인과성의 범주를 적용하여 단편적 부분들로 깨뜨린다. 그 반면에 이런 깊은 정신적 삶—신적 *실재*—내지 그러한

---

90) 오성에 의해 규정되는 현상계와 이성에 의해 요청되는 물자체적 이념계가 완전히 다른 세계가 아니라 하나의 세계이지만 서로 다른 이해 형식에 따라 규정된다는 것이다. 분명한 것은 하나의 세계라고 하지만 두 세계가 서로 분리되며 어떤 관계도 맺지 못한 채로 단절되어 있다는 것이다. 저자가 말하는 사실과 이상계는 서로 구분되면서도 사실의 세계는 이상계에 참여한다는 점에서 칸트와 완전히 다르다. (역자 주).

*실재*가 있다면, 우리가 미를 감상하고 목적을 발견할 때와 같이 모든 사물을 전체적으로 함께 경험할 것이다. 우리는 사물의 강력한 뼈대 안에 그러한 내적 정신적 핵심이 있다는 것을 증명할 방법은 없으나 실제로 있다면, 그것은 우리 문제를 해결하고 우리의 어려움을 완화시킬 것이다. 우리가 자신을 사변적인 존재로 스스로 만족하는 한,[91] 이러한 *가정(IF)*의 경계를 넘어갈 수 없지만 *우리 자신 전체*를 삶의 무대로 데려와 도덕적 존재로 활동을 시작한 순간, 우리는 어떤 의미에서 지식의 영역을 초월하는 것을 알고 있는 *것처럼* 나아가야 한다. 우리는 삶을 필요한 의미를 보장 하고 확인하는 중요한 것으로 간주해야 한다.[92] 이것이 그 유명한 *마치 하는 것처럼(als ob)*이라는 원리이고,[93] 도덕적이고 정신적인 모험에서 우리가 사물의 영원한 본성을 믿을 수 있다는 절대적 확신을 갖고 나아가는 결정이다. 이 원리는, 누가 보아도 영웅적 척도다. 이 원리는 전투 원리고, 불굴의 복음이다. 이 원리는 우리의 내적인 도덕적이고 정신적인 본성의 의미를 매우 진지하게 받아들이고, 이 의미를 기반으로 바다로 출항하게 된다. 로이시(Royce)가 잘 표현하고 있다. "남자다운 영혼의 용기가 삶을 선하게 만들고, 오직 영웅의 활동만을 위해서 있는 것을 삶에 제시하고, 영혼이 신의 축복을 위해

---

91) 우리가 사변적인 존재로 만족한다는 것은 현상계의 사실 차원에 머무른다는 것이다. 우리가 도덕적 선택을 하는 자유로운 가치의 세계로 들어서지 않는 한 이러한 지식의 영역을 초월하지 않으며, 그러한 가치의 세계를 가정하거나 요청할 이유가 없을 것이다. (역자 주).

92) 우리는 삶 속에서 삶의 중요한 의미를 보장하고 확인할 수 있다. 인간은 이 세상에서 중요한 의미를 갖는 올바른 삶의 가치를 찾아 실천할 수 있다. 칸트는 이런 목적적 질서를 '마치-하는 것처럼(als ob)'이라는 가정의 차원에서 인정하지만 저자는 객관적 실재 차원에서 인정한다. (역자 주).

93) 칸트는 『판단력비판』에서 이 세계의 합목적성을 증명할 수 없지만 요청하는 것으로 가정한다. 저자는 이 세계의 합목적성을 적극적으로 인정하기 때문에 칸트의 'als ob'라는 원리를 소극적이고 인색한 것이라고 평가한다. 이러한 합목적성을 학문의 진리로 규정하는 현상계와 다른 물자체의 차원으로 간주하기 때문이다. (역자 주).

씨름하기 때문에 신을 찾는 것처럼, 우리의 이러한 결정은 신을 붙잡는 것이고 결국 씨름하는 것이 축복이라는 것을 발견하게 된다. 마치 신이 감각에 있는 것처럼 우리가 오직 신에 대한 우리의 이상을 섬기기로 선택하기 때문에 신은 우리와 함께 하신다. 신의 왕국이 우리 안에 있는 한, 그것이 도래할 것이라고 다짐하기 때문에 신의 왕국이 존재한다. 우리는 이런 상징 아래서 세상을 정복한다. 이것이 세상을 정복하는 진정한 승리이며 우리의 직관이나 감상적 신앙이 아닌, 우리의 살아있는 도덕적, 창조적 신앙이다."[94]

이런 유창한 구절은, 윌리엄 제임스의 유명한 에세이, "믿음의 의지 (The will to believe)"보다 덜할지라도 칸트의 원리를 어느 정도 과장한 표현이다. 절제하고 인색한 철학자는 결코 어떤 것을 거저 제공하지 않는다. 칸트는 누구도 자신의 아름다운 세계나 하늘의 왕국, 목적의 왕국을 꿈이나 소원, 희망에서 세우는 것을 기대하도록 고취시키지 않는다. 그는 우리에게 우리의 깊은 도덕적 본성과 우리 자신의 타고난 구조에서 만들어진 명령을 오직 믿기를, 그러한 명령들이 사물의 영원한 본성의 건전한 계시라고 가정하기를 요구한다. 우리는 해야 하기 때문에 할 수 있다.[95] 우리는 당위성이라는 도덕적 비전에 관련된 모든 것을

---

94) Royce, Josiah, *The Spirit of Modern Philosophy*, 1892, Boston and New York, Houghton, Mifflin and co, p.117.
로이시의 입장은 인간이 신에 대한 이상을 선택해서 추구하는 한에서 신이 존재한다는 것이다. 이 주장은 칸트가 신을 가정의 차원에서 요청하는 것과 유사하다. 그러나 칸트에게서 신은 사변이성에 의해서 증명될 수 없으며—신이 없다는 것도 증명될 수 없다—단순한 희망이나 믿음에 의해서 존재하는 것이 아니다. 밑에서 언급하는 것처럼 칸트에게서 신의 존재는 인간의 도덕적 본성이나 타고난 구조에 따라 주어진 명령으로서 가정하게 된다. (역자 주).

95) 인간이 지켜야할 당위적 의무를 자유의지에 의해 선택할 수 있다. 인간이 도덕적 의무로서 선을 실천하기 위해서는 그 전제 조건으로서 자유의지를 가정해야 한다. 칸트와 저자는 자유의지를 갖는 점에서 같지만 칸트는 요청하는 차원이지만, 저자는 인간의 참된 본성이라는 점에서 다르다. (역자 주).

참인 것으로 간주할 수 있다.[96]

6

이 장의 중요한 주장은, 인간이 거대한 복합적 힘과 휩쓸고 가는 신비한 세계의 다양한 행렬을 그저 바라만 보는, 겸손한 관객의 역할로 그칠 수 없다는 것이다. 인간은 오히려 세계의 공동 제작자이고 건축자이다. 인간은 단지 외부에서 전달되는 것에 대한 단순한 수령인이 결코 아니다. 인간에게 참인 것은 무엇이든지 불가피하게 그의 정신공장(mental factory)의 상표와 표시를 갖는다. 그것은 그의 심리학적 제분소를 통해서 갈아지는 곡식이다. 진리를 파악하는 인간 정신의 선천적인 구조와 성향이 자신이 얻는 대상이나 살아가는 세계를 영원히 접촉하고 물들일 것이다.[97] 인간은 자신의 사유와 지식의 모든 과정에 찍힌 정신적

---

96) 저자에게 선은 객관적 기준에 따라 규정되므로 참일 수밖에 없다. 이에 반해 칸트에게 선은 현상계에 대한 참된 규정이 아니고 어떤 행위를 해야 한다는 실천이성의 확신으로 확보된다. 이렇게 칸트에게 선은 당위적 요청으로 성립한다. 그래서 당위적 선은 현상계의 진리와는 다른 차원에서 진리로 간주될 수 있다. (역자 주).

97) 인간은 정신이 갖는 형식이나 관점을 통해서 대상을 규정하고 세계를 해석한다. 이것은 마치 칸트가 현상계의 사물을 범주라는 형식을 적용해서 구성하는 것과 같다. 그런데 저자는 칸트와 달리 정신이 관점의 변화에 따라 대상에 대한 규정과 해석이 달라질 수 있다고 본다. 물론 저자는 정신이 취하는 이런 관점이 주관적이지 않고 객관적 실재에 근거한다고 본다. 그러면서도 정신이 어떤 원리를 적용하느냐는 인간이 어떤 의욕을 갖느냐에 따라서 달라질 것이다. 인간이 어떤 가치를 추구하느냐에 따라 취하는 관점이 달라질 것이다. 이에 따라 대상에 대한 규정과 해석이 달라진다. 가령 예를 들어 꽃을 볼 때, 식물학의 관점에서 볼 수도 있지만, 미학의 관점에서 볼 수도 있으며, 신의 선물로 볼 수도 있고, 자신이 겪은 사연에 따라서 볼 수도 있다. 이렇게 인간은 다양한 관점에 따라 대상을 규정하고 해석할 수 있다. 이런 점에서 일반적 규정을 내리는 과학이론만이 객관적이고 다른 해석은 주관적이라고 단정할 수 없다. 다양한 관점에 따른 규정과 해석들이 그 나름대로 객관적 실재성을 갖는다고 할 수 있다. 저자는 인간은 다양한 목적을 추구하고 여러 관점을 가질 수 있다고 하면서도 상대주의를 받아들이지 않는다. 인간에게는

형상을 없애거나 벗어버릴 수 있는 것처럼 쉽게 자신의 그림자에서 탈주할 수 있다. 창조적 예술 영역이나 이상적 왕국을 세우는 과업에서 인간 자신은 고려 대상의 한 요소일 뿐만 아니라 정확한 수학의 가장 냉정한 영역이나 있는 사물의 가장 냉철하고 엄밀한 영역에서 정신의 제분소는 차분하고 수동적으로 생산하는 것처럼 보이는 것에 중요한 공헌을 한다. 윌리엄 제임스는, "순수한 통찰력과 논리가 이상적으로 무엇이든 할지라도, 이것들이 실제로는 우리의 신조를 만들어내는 유일한 것이 아니다"라고 말했다. 우리는 여기에 *또한 사실*을 추가할 수 있다.[98]

흔히들 우리가 감각이 수용하고 정신이 사유하는 것을 모양을 만들고 채색하기 위하여 *어떤 것을 하는지*를 깨닫지 못할지라도, 심리학적 지식의 단계에서 인지과정을 태도, 흥미, 집중의 강조, 의도에 영향 받지 않는다고 간주할 수 없다. 지식은 *우리*에게 이미 만들어진 것처럼 보이지만 결코 그렇지 않다. 지식은 항상 우리에게 어떤 것을 빚지고 있다. 선택적 행위가 모든 정신적 삶을 표시한다. 감각 자체는 선택의 도구이지만, 성향, 기분, 기질, 본능, 정서, 감상은 모두 선택적 경향이고, 이 모두가 삶의 분류에 에너지로 크게 작용한다. "의욕"(conation)은 우리의 가장 중요한 심리학적 용어 중의 하나다. 의욕은 여러 가지 능동적 경향을 포함한다. 의욕은 모든 정신적 작용에 나타나는 우리 안에 깊게 자리 잡은 모든 추진력을 나타낸다. 제임스 워드가 말하는 것처럼, 의욕은 "삶의 근본적 사실"이다.[99] 의욕은 정신적이고 도덕적인 자아의 중심적 핵이다. 의욕은 우리 인간의 정체성, 의미에 대한 지각,

---

올바른 객관적 목적이 있기 때문이다. (역자 주).

98) 이상을 추구하는 정신적 욕구로서의 의욕(conation)을 사실로 간주할 수 있다. (역자 주).

99) 목적의 영역(Realm of Ends), p. 415.

기억하는 능력, 성격의 핵심이다. 만일 우리가 의도적 목적이나 목표를 추구하는 경험을 못 하거나, 아직 발생하지 않은 것을 예측하고 행동하는 경험을 못 한다면, 동시에 우리 자신을 잃어버릴 것이다. 어떤 형태나 어느 정도에서 의욕은 대상의 모든 인식과 우리가 의미하는 모든 위대한 진리의 근거가 된다. 지식은 활동이지 *상태*가 아니다. 보편성과 영속성을 갖는 진리는 외부에서 정신 안으로 들어와 박히는 것이 아니다. 우리 안에서 태어나는 다른 모든 것처럼, 진리는 가장 사소한 작용에서도 우리가 영원히 목적의 영역에 속하는 것을 가리키는 우리의 본질적 본성의 의욕적 성향에 대한 표시를 갖는다.[100]

이러한 목적의 영역은 본질적으로 정신세계이며, 이 안에서 유한한 정신은 지고한 *선의지*(the supreme Will of Goodness)와 결합하고 협력한다. "당위"에 대한 비전과 소명을 통해서, 우리는 자연적인 것, 주어진 것, 만들어진 세계를 넘어서며, *신*의 나라, 곧 정신적 우주로 나아가는 창조적 건설자가 될 것이다.[101]

---

100) 저자가 쓰는 의욕(conation)이라는 말의 의미가 상당히 포괄적이다. 인간의 모든 활동은 이러한 의욕 또는 욕구 없이 이루어질 수 없다. 감각적 욕구나 이성적 욕구 모두 이러한 의욕에 해당될 수 있는 것 같다. 그래서 모든 정신의 인식활동 역시 의욕이 추구하지 않으면 성립할 수 없다. 이뿐 아니라 어떤 의욕이나 욕구를 갖느냐에 따라 관점이 달라지고 이에 따라 인식 내용도 달라질 수 있다. 어떤 세속적 가치에 대한 의욕을 가지고 인식하고 행동할 때 그에 걸 맞는 규정과 행동으로 나타날 것이다. 그리고 이런 의욕이 올바른 진리와 선을 추구할 때 보편적이고 영속적인 진리에 이를 수 있다. 의욕이 올바른 목적을 추구할 때 진리를 파악하고 신을 만나서 자연적 세계를 넘어서 선의 세계를 건설할 수 있다고 한다. 저자는 여기서 자연적 사실과 당위적 가치를 서로 다른 차원으로 분리한 칸트를 간접적으로 비판하고 있다. 저자의 의도는 사실과 가치를 구분하면서 다 같이 실제적이라고 본다. 그리고 저자가 제6장에서 설명하겠지만 가치와 이상의 세계를 근거로 해서 사실의 세계를 규정할 수 있다고 본다.(역자 주).

101) 사실과 당위를 구분하는 점에서 이글의 저자는 칸트와 다를 바 없다. 그런데 칸트는 두 세계를 구분하면서 완전히 다른 차원으로 분리된 것으로 간주한다. 사실의 세계는 오성이 범주를 적용하여 구성하는 현상계인데 반해 당위와 가치의 세계는 실천이성과 선의지에 의해서 이루어지는 요청된 세계다. 가치의 세계는

현상계처럼 보편타당하게 규정될 수 없으며, 이성에 의해 요청된 이념의 세계다. 이에 반해 저자는 사실의 세계가 당위를 포함한 이상의 세계에 참여하고 있다고 본다. 가치를 갖는 이상의 세계는 사실의 세계를 초월하면서도 동시에 사실의 세계에 내재한다는 것이다. 그래서 저자는 칸트가 사실의 세계를 초월하는 이상의 세계를 제시한다는 점에서 칸트의 공로를 인정하면서도 이상의 세계를 객관적 실재가 아니라 이성에 의해 요청된 가정으로 보는 점에서 칸트의 한계를 지적하고 있다.

특히 저자는 이성을 가진 인간이 이상적 실재로서 가치를 추구할 수 있는 의욕을 갖는다고 본다. 인간은 이런 의욕, 정신적 욕구에 의해서 자유롭게 정신적 가치를 추구할 수 있다는 것이다. 물론 이 과정에서 인간은 여러 현실적 조건과 상황을 반영하여 이상에 맞는 목표를 설정하여 실현할 것이다. (역자 주).

제5장

삶의 목적으로서 신비적 경험

1

나는 이 강의에서 삶의 근본 목적은 사는 것―우리가 창조된 이유가
되는 가장 충실하고 확장된 삶을 사는 것이라고 주장해 왔다. 다른
유형의 사람들은, 이런 목표에 도달할 "방법"에 대해서, 또한 그 목표에
이미 도달했거나 적어도 지향 중인 기준이나 증거에 대해서도 상이한
관점을 가질 것이다. 가장 위대한 그리스 스승들은 삶의 완성을, 최고의
궁극적인 *선*(善)을 보고 즐기는 것을 느끼는―최종 목적에 이른 경험,
즉 관조(contemplation)에서 찾았다. 그밖에 다른 것은 그런 경험이
한만큼 인간 영혼을 확대하고 확장하지 못하며, 영혼의 내적 능력을
그 정도로 고양시키지 못하며, 완전히 영화롭고 아름답게 하지 못한다고
그들은 믿었다. 소크라테스는 특별한 방식으로 일관된 관조 능력을
소유했다. 플라톤은 관조를 자신의 전반적인 철학의 목표로 삼았다.
아리스토텔레스는 자신이 "관조(theoria)"라고 부르는, *실재*(reality)를
보고 관조하는 사람의 능력을 무엇보다 상위에 올려놓았다. 아리스토텔
레스는 주장한다. 존재하는 모든 것은 자기 방식으로 *신성*을 열망하고,
*신성한 삶*을 공유하는 것을 바라지만, 오직 인간이 갖는 최고의 이성만이
그러한 *신성한 삶*을 바라보고 즐기는 능력을 갖는다. 플로티노스 역시
자신의 선구자들을 넘어서, 모든 삶, 모든 도덕적 행동을 관조를 위한

준비로 취급한다. 인간은 관조함으로 절정에 달하는 경험을 통해 정말 실제적이고 아름다우며 선한 모든 것에 대한 관객이나 참여자가 된다고 한다.

서양 정신은 기꺼이 실천적 행위라고 명명된—행위적 삶에 더 자연스럽게 의존한다. 부유하고 풍요로운 삶을 사는 것에 관해 말할 때, 봉사, 긍정적인 기여, 행위, 성취된 것들, 정신적 산물의 관점에서 평가하기가 쉽다. 관조는 실천적인 서양인들(Occidental)에게는 시간 낭비처럼 보인다. 서양인은 어디로 가고 있는지, 어떤 것을 하고 있는지를 알고자 한다. 서양의 윤리 체계는 보통 영원성을 관조하는 것으로 이끌지 않는다. 제안된 새 질서에 적합한 더 나은 사회질서의 실현과 더 참된 개인적 삶의 형성에서 목표를 찾는다. 이런 후자의 삶의 방법은 일반적으로 "실현" 혹은 "활동주의(energism)"이라고 부르며, 이것에 대립한 것으로서 삶의 관조적 방법을 "신비주의(mysticism)"라고 부른다. 그러나 이것들이 모순된 삶의 방법은 결코 아니다. 나는 이 강의에서 관조가 실천적이고 활력 있는 행동의 본질적 부분이라는 것, 실제로 신비적 경험이 더 참된 개인의 삶과 더 나은 사회 질서를 세우는 과제에 다른 어떤 것도 할 수 없는 방식으로 기여하는 것을 보여 줄 것이다. 가장 위대한 신비주의자는 정신적으로 게으른 자가 아니다. 시간의 세계에 이례적인 영적 에너지를 쏟아 붓는 백 마력을 가진 자이다. 그러나 동시에 신비주의자는 신에 대한 경험이 그 자체로 충분한 목적이라고 느끼는 것이 사실이다. 엄밀히 미를 사랑하는 사람이 미에 대한 경험이 어떻게 실용적 목적을 위해 사용될 수 있는지에 대한 보완적 사유 없이 그 자체로 충분하다고 느끼는 것도 정확히 사실이다. 어떤 경험들은 행위 욕구가 상대적으로 미결정 상태로 있다. 그 경험은 즉각적인 만족을 낳아 당장은 기원이나 결과에 대한 모든 문제에서 벗어나 그 자체로

목적인 것처럼 보인다. 변화산에서의 경험(the mountain experience of transfiguration)처럼 이러한 신비적 경험은 영원한 예배소를 세우고, 어디로 가서 무엇을 할 것인지에 대한 모든 생각을 사라지게 하는 적합한 경우인 것처럼 보인다. 인간을 위한 모든 가치를 바꾸어 모든 삶이 힘으로 넘치게 되는 삶의 수준에 도달하게 되었다.

그것은 그의 손에 꿈꾸지 못했던 황홀감을 주었고
값싸고 낡은 즐거움은 하찮은 먼지더미에 놓였다.

그래서 신비주의는 자신 안에 궁극성과 적합성의 감각을 갖는 그러한 경험들 중의 하나이다. 자신들을 만족시키기 위해 다른 것이 덧붙여질 필요가 없다. 사물의 베일과 포장지를 벗기고 *신*이 실제적이라고 발견하는 것은, 다른 어떤 것보다 실제적인 것으로, *신비주의*는 어떤 것을 덧붙이거나 그것을 넘어서는 어떤 것도 필요하지 않는 경험이다. 그러나 우리가 보는 것처럼, 신비적 경험에 대한 가장 주목할 만한 것은 그것이 산출하는 증대된 삶의 효력이다. 에베레스트 산을 오르는 사람은 정상에서 성취 자체에 만족할 것이다. 거기서 그는 마침내 행복의 절정에 있고 그 경험의 압도적인 의식으로 넋이 나간 황홀경에 빠져있다. 그러나 그가 내려왔을 때 그는 "에베레스트 산의 최초 등반가"가 될 것이고, 이것은 항상 평가하는 세상에서 그에게 특별한 영향과 지위를 줄 것이다. 그가 자신이 히말라야를 배경으로 거기에 서 있을 때, 그러한 등반의 결실을 써먹으려는 욕망이 막연히 떠오르지 않을―떠오르지 않아야 하지만―지라도.[102]

---

102) 신비적 경험은 그 자체로 충족된 상태이기 때문에 다른 어떤 것도 추구할 필요가 없다. 그러나 그러한 순간이 지난 다음에는 이런 경험에서 얻은 활력으로 올바른 목적을 더 원활하게 추구할 수 있다는 것이다. (역자 주).

2

인간 영혼이 삶의 조직 체계 때문에 생기는 침해에 격렬하게 항의하거나 영혼이 자유롭게 주도하고 자발적인 창조 활동을 위해 필요한 부족한 범위와 영역을 떠나라고 위협하는 사상에 대해 강력하게 저항하는 것이 신비주의가 발생하는 신호탄이다. 신비주의는 영혼이 천부적 권리와 능력—존중받아야 하고 성스러워 해야 하는 영역—을 갖는 것을 선언한다. 때때로 신비주의는 교리의 단단한 껍질에 대한 인간 정신의 항의이고, 내부에서 분출하는 뜨거운 용암처럼 지적 체계의 차가운 단층을 뚫고 폭발한다. 때때로 신비주의는 다소 경직된 외적 교회주의에 강력히 저항하고, 신비주의자는 위에서 본 예루살렘처럼, 자유롭고 우리 모두의 어머니인 보이지 않는 *교회*의 대변자로서 나아간다.

한 세대 이상 우리는 모두 영혼의 내적 영역에 대한 과학의 꾸준한 잠식을 희미하게나마 깨닫고 있었다. 과학은 너무 자주 인간의 정복을 돕고, 너무 많이 인간의 손을 강화시키고, 실용적 능력을 높여서, 우리는 정신을 얽매고 제한하면서 천천히 조여드는 코일을 자주 망각하게 되었다. 그러나 어떤 사람이 잠자는 상태인 자신을 흔들어 깨울 때, 삼손처럼 그는 과학이 어떻게 이 우주를 물질화시키고 기계화시켰는지, 인간 영혼을 위한 범위와 자유 운동의 영역이 얼마나 작아져 버렸는지 보고 놀란다.

인간의 내적 영역의 모든 구역이 침범되어 영혼의 모든 안식처는 성스런 그릇을 강탈당하고 포획 당했다. 코페르니쿠스의 이론은 하늘을 깨끗이 청소해버려서, 신이 거주하거나 성공한 영혼의 영원한 본향을 위한 어떤 장소도 남겨두지 않았다. 하늘은 고정된 천장이 아니고,

무한한 우주로 차갑게 뻗어가는 환상적인 출구일 뿐이다. 우주로 뻗어나가는 것은 신이나 성인들의 거주지에 더 가까이 가는 것을 의미하지 않는다. 코페르니쿠스 이론이 공간을 확장한 것처럼 다윈의 이론은 시간을 확장했다. 코페르니쿠스 이론이 공간에 신의 현존을 위한 어떤 영역도 남기지 않는 것처럼 다윈 이론도 시간에 신의 지문이나 *신의 영혼*의 숨결이 들어가 작용한 것으로 돌릴 수 있는 어떤 순간도 남기지 않는다. 두 이론은 자연계를 확장하고 초자연계를 제거해서 인간의 사유 안에 자연과 초자연의 경계를 없애는 경향을 보였다. 그리고 나서 고차원의 비평가는 역사 발전과 *인간적* 요소의 작용에 역점을 두면서 역사 연구의 과학적 방법을 성경에 적용하기 시작했다. 결국 침범하는 모든 과학의 분야 중에 가장 무자비한 심리학은 정확한 설명과 실험실의 검사를 포함하면서, 인간 삶이라고 부르는 이런 이상한 일을 구성하는 정신상태와 설명 가능한 행동의 내면이나 이면에 어떤 정신적 대리인이 있는지 물음을 제기한다. 수많은 뇌 경로와 복잡한 신경 과정에 대해서 들었지만 우리에게 어떤 정신적 실재도 주어지지 않았다. 과학적 습관이 자리 잡은 사람이 정당한 종교에 대한 영역을 발견하기 어렵다고 깨닫는 것이나 대학 초년생이 혼란스러워하는 것이 놀랄만한 일인가?

그러나 이런 "고정된 것"에서 벗어나는 길은, "정글에서 원숭이를 가득 매고 온 노인"에 반대한 윌리엄 제닝스 브라이언(William J. Bryan)[103]의 웅변적인 외침에 참여하거나, 과학을 공격하여 증명된 사실이나 결론을 거부하는 것이 아니다. 또한 코난 도일 경(Sir Conan Doyle)과 다른 이들과 함께 새로운 미신 세트를 조립하는 임무를 착수하는 것도 아니다. 이것은 어떤 출구도 아니다. 우리는 사실에 대한 존경과 존중을 배우지 않고서는 어떤 종교의 진보도 이룰 수 없다. 과학에서 훌륭한

---

103) 1860년 출생해서 1925년에 사망한 미국의 유명 정치인으로 반진화론자로 널리 알려져 있다. (역자 주).

장비를 갖춘 연구가들이 이룩한 200년 이상의 견고한 작업이, 값싼 유머의 농담이나 대중 매체의 최면 유발 보도와 귀신이 출몰하는 흉가의 현상에 의해서 쓸려가지 않을 것이다.

실제 우주에서 과학이 읽어낸 것보다 더 많은 것을 발견해야만 현재 세계의 무력함에서 구조될 수 있는 희망을 가질 수 있다. 과학적 방법이 이룰 수 없는 많은 실재가 있다는 것, 과학은 항상 서술하려는 목적으로 세계를 환원한다는 것, 과학과 단절하기보다는 오히려 보충할 필요가 있다는 것을 배워야 한다. 어느 시인의 말대로, "마음"이 일어나 "나는 느꼈다"고 대답하는 위대한 많은 순간들이 있다. 월트 휘트먼 (Walt Whitman, 1819-1892)은 자신의 활기찬 길을 말한 적이 있다.[104]

내가 학식 높은 천문학자의 강의를 들었을 때
증명과 숫자들이 내 앞에 줄지어 배치되었을 때
그들을 더하고 나누고 측정하기 위해 나에게 차트와 다이어그램이 제시되었을 때,
내가 앉아서 그 천문학자의 강의를 듣고 있을 때 그는 많은 박수갈채를 받았지만,
일어나서 나올 때까지 나는 설명할 수 없을 만큼 피곤하였고 아프기까지 했다,
그러나 내가 자리에서 일어나 그곳을 빠져나와
그냥 걸었을 뿐인데,
신비롭고 촉촉한 밤공기 속에서, 문득
완전한 침묵으로 별을 쳐다보고는 아픔이 말끔히 사라졌다.

---

104) 박학다식한 천문학자의 강연을 들었을 때(When I Heard the Learned Astronomer(1873)).

3

　내가 믿기에는 우리가 사는 세계의 사실에서 현재 통용되는 과학의 방법으로 획득할 수 있는 것보다 더 많은 의미를 발견할 수 있는, 적어도 두 가지 방법이 있다. 첫째 방법은, 우리가 이미 *정신적 가치*에 대해 정확한 서술적 단계를 가지고 한 것처럼 우주가 드러내는 그러한 가치를 적합하게 다루는 것을 배우는 것이다. 이 우주는 어디나 미로 감화되고, 실제로 도덕적 선을 위해 만들어져서 그 선에 알맞으며, 더 높은 수준에서는 적어도 협력과 목적에 의해 표시된 유기적 체계로 가득한 곳이다. 우리는 과학처럼 인과적이고 기계적 방법으로, 대상만을 서술하고 설명하는 데 만족을 해서는 안 된다. 우리는 어떤 가능성으로도 정확한 서술로 환원될 수 없는 세계의 의미심장한 측면을 가치의 관점에서 더 나아가 *해석해야* 한다. 이 방법으로 우리를 회피해 온 삶의 특징을 되살릴 것이다. 둘째 방법 역시 중요하다. 우리는 영혼 자체의 본성과 능력을 지금까지 해온 것보다 더 깊이 탐구해야 한다. *이것이 신비주의자가 하는 일이다. 여기가 항의를 시작하는 곳이고 증언을 제공하는 곳이다.* 그는 감각에 의해서 잘 알려진 것 이외에 또 다른 경험의 형태를 말한다. 공간에 있는 외부 사물에 초점을 맞추는 대신에, 광채나 내적인 따뜻함과 친밀성으로, 자신의 영혼 안에서 알게 되는 에너지의 방출로 드러난 정신적 교감에 집중한다. 영혼 안에 있는 장엄한 것에 대한 모든 경험은, 그에게는 영혼에 적합한 정신적 세계에 대한 명확한 증거이다. 영혼은 육체가 그런 것처럼 확실하게 탄생의 순간이 있는 것처럼 보인다. 신비주의자는 보고 듣고 만지는 것처럼 확실히 보이는 징표로 자신이 구체적 사물의 세계와 **영혼**의 세계라는 이중세계 안에 있다는 것을 발견한다. 영혼의 세계는 공기가 독수리를, 대양이

물고기를 그런 것처럼 그를 둘러싸고 있다. 신비주의자는 세계 안의 이런 *세계*를 인식하는 것이며, 모든 참된 삶의 원천이며 가장 고귀한 모든 애정의 동인이 되는 *영혼*과 교감을 하는 것이다. 성아우구스티누스는 그것을 "평정과 영원의 묘사할 수 없는 숨결"이라고 명명한다.

옥스퍼드의 윌리엄 브라운(William Brown) 박사는 이런 경험의 형태를 매우 잘, 동시에 아주 단순하게 표현했다. "때때로 *** 여러분에게 신의 존재와 세계의 모든 것이 좋다는 특별한 느낌이 올 것이다. *신성*에 공감하는 이런 느낌은 신비적이다. 정도의 차이는 있지만 모든 사람이 때때로 이런 경험을 가진 적이 있을 거라고 생각한다. 이 경험은 길러질 수 있다. 이 경험은 병적인 심화와 타락을 겪을 수 있다. 그러나 본질적으로 이 경험은 건강한 정신의 경험—자신의 확신을 가져다주는 경험이다. 이 경험은 상이한 단계를 갖는다. 당신은 신비주의적 느낌, 매우 다른 수준에서 우주와 결합하는 느낌을 가질 수 있다. 가장 낮은 수준에서 당신은 신체적 운동에서 그 경험을 가질 수 있다. 나는 승마를 하면서 자연과 절대적으로 조화된 나 자신을 느낀 경험을 알고 있다. 높은 수준에서는 시간, 공간, 죽음과 같은 문제 배후를 지나, 일상적인 과학적 사유의 상황을 넘어서 통과하려고 애쓰는 철학자에 의해서 경험될 수 있다. 당신은 종교의 가장 높은 형태에서 이 경험을 얻는다. *** 만일 내가 심리학자가 아닌 한 인간으로서 말할 수 있다면, 그러한 삶의 경험은 *권능의 신*과 개인 간의 교감의 가능성이 환상이 아니라는 내 믿음을 더 확실하게 해준다."[105]

우리는 공간을 점유하는 물체를 보고 열 가지 특별한 감각(우리는 오감을 말하곤 하지만)으로 그 물체들을 다룰 뿐 아니라, 더 나아가서 "내적인 곳"에서 자신의 내적 존재—내적 자아를 갖고 있음을 발견한다. 우리는 감각이 설명할 수 없는 통찰의 빛에 의해서 내적 자아를 만난다.

---

105) "The Practice of Prayer" in *Religion and Life*(Oxford, 1923), pp. 54-55.

신속하고 즉각적인 의식 활동이 모든 지식 작용을 근거 짓고 통일하면서 이런 일이 행해진다. 그러한 종합적 활동이 중단되면, 감각자료에 대한 모든 해석도 한순간에 중단될 것이다. 우리가 *나는 나*라는 신념을 잃는다면 우리의 세계를 잃을 것이다. 그뿐 아니라 우리의 통합적 내적 자아의 유사한 활동에 의해서 우리는 주변 인간들의 정신적 중심을 *인식하고* 평가한다. 이렇게 하면서 우리는 감각의 모든 보고를 크게 초월한다. 우리는 보고 만지는 모든 것을 뛰어넘는다. 영웅적이고 희생적 행위의 도덕적 가치를 순식간에 느낄 때나 석양의 영광을 감상할 때처럼, 우리는 최근 과학이 인식하는 앎의 방법과 다른 방법을 사용한다.

신비주의자는 "감각"에 의한 경험과 감각 경험을 초월하는 두 가지 방법에서 멈추지 않는다. 그는 셋째 방법을 주장한다. 그는 신에 대한 1차적이고 직접 체험이 가능하다고 주장한다. *영적 현존*인 신 안에서 우리는 영적 삶을 살고, 신은 모든 인격적 자아의 잠재적 환경이다. 민감한 영혼은 *영원한 심장* 맥동을 느끼는 것이 가능하다. 최근에 태풍이나 안개, 위험에 처한 배를 항구로 안내하는 발명품이 완성되었다. 연속적으로 벨을 달아 해변의 시계에 맞춰서 동시에 진동하는 해저 케이블이 설치되었다. 수면보다 훨씬 깊은 곳에서 벨소리가 나는 감지 도구를 갖춘 선박들만이 진동을 탐지하여 해로를 찾을 수 있어 *그 배들은* 밤이나 폭풍우나 안개 속에서도 똑바로 항해할 수 있다. 신비주의자는 인간의 영혼이 주변을 흐르는 *생명*의 영적 바다 심연에 숨어 있고, 거친 감각이 어떤 보고나 인도도 하지 않을 때에도, 민감하게 조절된 삶은 천체 흐름의 암시를 포착할 수 있어 나아갈 방향의 실마리와 힌트를 얻을 수 있다고 주장한다.

4

내가 여기서 신비적 지식이라고 부르는 것은, 우주의 사실을 다루는 정상적 방법과 날카롭게 모순되는, 어떤 드물고 특이한 지식의 형태가 아니라는 점이 주목되어야 한다. 나는 모든 종류의 지식이 우리 안에 있는 어떤 중심이 되는 정신적 본성을 전제한다고 주장한다. 우리가 의미하는 "지식"은 밖에서 오지 않고 안에서 온다. 우리가 뇌 흐름이나 분자 운동을 말하는 한, 지식의 영역에서 어떤 것도 설명하지 못한다. 우리 배의 실제 선장인 영적 자아를 솔직히 인정하거나 남몰래 들여야 한다. 아는 영적 자아는 자신이 안다는 것을 아는 영적 자아이다. *모든 지식은 감각을 초월한다.* 어떤 경우도 물체나 사실이나 사건이 최종적인 감각기관을 통해 이미 형성되어 의식 안으로 들어오지 않는다. 도장이 부드러운 왁스에 찍히는 것처럼 지식이 외적 대상에 의해서 찍힌다고 가정한 고대의 밀랍판 이론은 어리석게도 정신의 실제 과정을 모르는 사람들에 의해서만 주장될 수 있다. 플라톤은 2,500년 전에 자신이 명명한 "새장이론"—새가 붙잡히는 것처럼 지식의 항목들이 붙잡혀 정신의 수동적인 용기 안에 집어넣어 보관된다는 이론—을 깨뜨렸다. 요즘의 가장 건전한 심리학자는, 지식이 "단위 감각"이나 "이미지," "관념" 등의 집합으로 구축된다는 서투른 이론을 *완전히* 거부한다. 외적 감각을 통해서 오는 것이 도대체 무엇인가라고 정확히 물을 때, 어떤 주어진 경험 안에 아주 작은 조각을 발견하고는 놀란다. 모든 지각은 감각에 의해서 실제로 "주어진 것"에 대한 폭넓은 해석을 포함하고, 그 해석은 특수한 감각이 별 필요 없이 "수용하거나" "제시하는" 것을 항상 뛰어넘는다.

환언하면, 정신 자체는 지각의 가장 일상적인 경우에 종합적이고 창조적인 요소이다. 항상 작동하는 정신 안에는 어떤 근본적이고 근원적인 *성향*이 있다. 의식적인 경험의 모든 순간에, 개별적 정신은 엄청난 선천적 경향이나 잠재의식 상태인 정신적 삶의 저장물을 의지하고 이용한다. 명확한 의식의 정점 주변에는 항상 이런 비춰진 정점*보다 더한* 무엇이 있다. 그것은, 잠재의식의 후광인데, 거기에서 지금의 상상, 연상과 기억, 인지와 이성의 통찰력인 생각이 번쩍 유입된다. 그러나 모든 경우에 의식의 흐름은 외부 못지않게 *내부로부터* 영향을 받는데, 내부의 작은 지류가 더 이상 흐르지 않으면 인간 경험의 모든 의미와 중요성은, 마치 스위치가 꺼질 때 전깃불이 나가는 것처럼 빠르게 사라질 것이다. 자신을 의식하고 자신의 삶의 내적 흐름을 느낄 때, 친구의 이상을 평가할 때, 심사숙고하는 사실에서 새로운 진리가 출현하는 것을 번쩍하고 **볼** 때 우리는 모든 경우에 감각의 어떤 이론만으로는 설명할 수 없는 상황에 직면한다.

이제 우리가 어쨌든 지식을 가지려고 한다면 공간 "저편"에 있는 물질세계에서 오는 감각을 "수용"하는 것보다 더 *중심이 되는 정신적 자아*에 의지해야 한다. 그것은 미의 모든 경험이나 도덕적 선의 모든 평가에서 창조적 역할을 하며, 종교의 영역 자체보다 더 큰 *정신*의 기관이다. 우리가 그것을 무엇이라고 부르든지 간에 인간 영혼의 더 깊은 침잠과 거대한 영역을 고려할 때가 왔다고 나는 확신한다. 우리의 활동, 성취, 지식의 획득은 우리를 지치게 하거나 능력의 한계로 이끌지 않는다. 우리가 탐구하는 한계를 넘어서는 사용하지 않은 힘의 무한한 잔여물이 있다. 아직 손대지 않고 대부분의 사람들이 꿈꾸지 못한 정신적 에너지의 거대한 저장소가 있다. 참된 신비주의는 인간 안에 있는 이러한 바닥없는 정신적 중심 위에 세워져야 한다.

신비주의는 비정상적이고 신비적인 사람들의 "무인지대(無人地帶)"를 점유하는 데에 너무 자주 만족해 왔다. 그것은 황홀한 무아지경과 정신적 기적의 위험스런 경계를 따라 번성해왔다. 나는 실제적 깨달음이 황홀경의 순간에 과잉흥분의 발작적 분열과 매우 유사해 보이는 경험을 통해, 희귀한 사람들에게 갑자기 찾아온다는 것을 의심하지 않는다. 정신세계의 숨겨진 음악을 드러내기 위해 스트라디바리우스 바이올린 현처럼 팽팽하게 당겨진, 명백히 정신병 경계에 가까운 독특한 정신 구조를 가진 사람들이 있다. 그러나 신비주의는 이런 형태의 드물고 위험한 현상에 국한되어서는 안 된다. 우리는 건강한 영혼의 양식인 종교가 천사 같은 갈 까마귀의 우연한 방문에 의존하는 것을 원하지 않는다.

내가 신비주의에 관해 말할 때는 영혼의 정상적이고 본질적인 본성에 근본적인 것을 의미하는데, 이것을 중심적이고 정신적인 자아라고 부른다. 그것은 *神*과 교제하고 소통하는 우리 안에 있는 타고난 능력을 의미하는데, *神*은 "하늘 위에" 있지 않고, 오히려 우리 안에 있어 우리가 살아가고 존재하는 근본적 *삶*이자 *靈*이다. 우리에게 우리 자신의 영혼과 영혼의 가장 깊은 심연을 확신하게 하는 모든 경험은, *그 사실 때문에* 우리가 *神*을 확신하게 만든다. 수백 년, 수천 년 동안 사람은 하늘을 향하여 자신의 손을 위로 들어 올려 신을 탐구해왔다. 그러한 고대인의 자세와 태도는 오랫동안 의심 없이 지속될 것이고 당연히 그럴 것이다. 왜냐하면 위를 향한 모습이 그 활동에 부합하지만, *神*이 *靈*이 아니거나 우리 영혼과 동질적이지 않다면, 그 *神*은 우리의 *神*일 수 없다. 만약 *神*이 그러한 본성을 갖는다면 우리는 우리 자신을 찾는 곳—공간이 아닌 정신적 영역—에서 신을 찾아야 한다. 우리는 우리 자신이 거주하는 곳의 문을 두드리시며 우리와 함께 하기 위해 들어오시는 신을 발견해야 한다. 이러한 신비주의자의 경험은—만일 그것이 인간 자신의 주관적인 느낌의 헛된 "투사"가 아니라면—유한한 인간 정신이 우주의 엄청난 방대함 속에서 살아가고, 사랑하며, 고동치는 **영혼**을 발견할 수 있고, 무한하고 영원한 실재와 활기찬 접촉을 할 수 있다는 것을 의미한다. 우리는 이런 경험에서 거의 기대할 수 없는 관련된 증거를 종종 발견하는데 우리가 생각하던 것보다 더 흔하고 정상적이라는 것을 의미한다. **발생적 진화**(emergent evolution)라는 빈틈없고 체계적 설명에서 "나타나는" 구절이 있다. 콘위 로이드 모건(C. Lloyd Morgan) 교수는 말한다. "어딘가에 있다면 우리 안에서, 무엇이라고 이름 지어지든, 신의 역사(役事)를 인정하게 만드는 근거를 제공하는 충동을 느껴야 한다. 그것은 무엇처럼 느껴지는가? 각자는 증거를 잘못 해석할 수 있다는 것을 충분히 인지하면서 자신에게 대답해야 한다.—이른바 밑에서 솟아오르는 추동력—한 존재의 낮은 수준에서 밀어 올리는 힘—을 부인하지 않고 그것은 내가 얻은 것보다 더 높은 수준인 신의 역사를 통해서 위로 들리어 지는 것처럼 느껴진다."[106] 덜 과학적이고 더 열정적인 사람은 이런 경험을 다음과 같은 방법으로 표현한다.

오, 볼 수 없는 세계에서 우리는 당신을 보고
오, 만질 수 없는 세계에서 당신을 만지고
오, 알 수 없는 세계에서 당신을 알고서
이해할 수 없는 당신에게 우리는 매달립니다.

월리엄 제임스는 매우 단순하게 말한다. "개인과 **절대자** 사이의 모든 그 흔한 장벽의 극복이야말로 가장 위대한 신비주의의 업적이다."[107]

---

106) *Op. cit*, p.208.

107) 『(The) varieties of religious experiences (종교적 경험의 다양성)』, p. 419.

5

우리는 어디에서 진리, 완전성, 절대 선을 발견할 수 있다고 기대해야 하는가? 이것은 인간의 가장 일관된 질문 중의 하나다. "그러한 것은 어디에도 없다", "완전한 어떤 것도 존재하지 않는다"고 대답하는 것은 지식의 가능성을 부인하고 도덕적 행동에 신경 쓰지 않는 것이 된다. 그러면 지식에 "그래야만 하는 것," 의무에 "나는 해야만 한다"는 의미 부여를 포기하는 것이다. 이성적인 사람은 누구나, 지식은 우연적이거나 가변적인 것이 아닌 절대 진리와 관련된다는 것을 가정하고 전제한다. 그리고 건전하고 윤리적인 사람은 누구나 도덕적 결단의 순간에 자신의 행동은, 절대 선의 요구라는 것을 믿는 것처럼 행동한다. 어쩌다 우연히 그의 행동이 다른 행동보다 덜 나쁜 것으로 판명된다고 믿지 않는다. 우리의 모든 사고와 행위에 존재하는 합리성에 대한 깊은 믿음은, 합리성과 목적을 자신의 유한한 자아에 제한하는 것이 아니라, 오히려 우리 안에서 우리를 통해 작동하는 더 큰 합리성과 목적을 우리 자신을 초월한 어떤 것의 덕분으로 돌리는 것을 의미한다. 우리는 당장은 유한하고 시간적 존재이지만, 절대적 무한성과 영원성과 관련하여 항상 생각하고 활동한다. 무한한 공간에 포함되지 않는 어떤 공간의 파편도 있을 수 없듯이 절대 진리에 포함되지 않는 어떤 진리도 있을 수 없으며, 완전한 선을 지향하지 않는 어떤 선도 있을 수 없다. 우리 인간의 한 사람을 단지 유한자로 환원하는 것은 우리의 모든 인간의 열망에다 "메나에 여신"[108]이라고 꼬리표를 다는 것과 같다.

나는 반복해서 묻는다. 그러나 보잘것없는 사유의 진리를 검증하고

---

108) '메나에'는 달이 차고 저무는 형태를 나타내는 여신들이라고 한다. 저자는 모든 인간의 열망을 달처럼 변하는 것으로 간주하기 때문에 인간을 유한자로 규정한다고 본다. (역자 주).

선을 추구하는 미미한 노력을 보증하는 절대적으로 완전한 실재가
어디에 *존재하는가*? 우리는 그러한 실재의 본성과 정의(定意)로 볼
때, 여기 지금도 아닌, 유한하지 않고, 제한되거나, 속박되거나 단편적이
거나 부분적이며, 조건적이거나 불완전한 것이 아닌 것을 어떻게 *발견할*
수 있는가? 이것이야말로 인간이 직면한 가장 큰 딜레마 중 하나이며,
그 해결은 3천 년간의 영적 투쟁의 비극적 과업이다. 신비주의자라고
불리는 사람들은 이 문제를 가장 진지하게 여기고 몇 번이고 자신들의
강렬하고 고동치는 심장의 생명혈로 자신들의 대답을 써왔다. 윌리엄
제임스가 "2절판 신비주의자"라고 부르는, 초기의 가장 위대한 신비주
의자들은—예를 들어 플라톤, 플로티노스, 위(僞)디오니시우스, 성아우
구스티누스, 단테, 에크하르트, 타울러, 루이스부로크, 스피노자—이
런 중심적 물음에 하나의 일관된 대답을 해왔다. 그들에게 절대적인
실재, 진 · 선 · 미, 완전성은 이런 변화의 영역을 넘어서, "이런 소란스러
움을 넘어서 평화가 있는 저기"에서 발견될 수 있다. 성아우구스티누스
는 경지에 이른 신비주의자 중의 한 사람이다. 그는 오스티아에서 어머니
와 함께 한 최고의 경험에서, 모든 물질적인 것들뿐 아니라, 해와 달과
별이 빛을 발하는 하늘 자체를 단계적으로 통과했다고 말한다. 그리고
나서 자신의 정신으로 돌아와서는 *그것(자신의 정신)을 넘어섰고* 그
다음에는 최고의 도약으로 떨리는 빛 가운데 *존재하는 그 무엇*을 만났다
고 고백한다. 그의 책 『삼위일체설』(8.2)에서 그는 "우리가 신이 아닌
것은 알 수 있지만 *신*이 무엇인지는 알 수 없다"[109]고 말한다. 완전한

---

109) 돔. 쿠스베르트 부틀러는, *Western Mysticism*(1922)라는 그의 탁월한 책에서
　　신비주의는 6세기에 위(僞)디오니시우스의 저작에 의해서 부정적인 측면으로
　　이르게 되었고 "전(前-)디오니시우스"적인 전임자들은 부정적 방식을 강조하지
　　않았다고 주장한다. 부정의 새로운 단계는 디오니시우스에서 이루어졌고 이후의
　　신비주의자들에게서 나타나는 부정의 용어를 많이 제시한 것은 사실이지만.
　　유한성을 넘어서 무한성을 탐구하고 "저기에 있는" *실재*를 발견하기를 기대하는
　　습관은 이미 성아우구스티누스 시대에 확립되었다.

것은 여기에 존재할 수 없고, 가변적이고 불완전하고 움직이고 시간적인 영역에서, 거기서 각 사물은 과정 중에 있으며, 결과적으로 완성되지도 완벽하지도 않는 곳에서는 발견될 수 없다는 것이 신비주의자나 제자들에게는 명백해 보였다. 정신이 발견하는 것은 무엇이든 조건적이고 제한된 것이다. 그것이 여기에 있다면 저기에 있을 수 없고, 그것이 이것이라면 저것일 수 없다. 이런 안타까운 유한자의 나열에서 벗어날 때만이, 무한자가 발견될 수 있다고 그들은 주장한다. 우리의 시·공간 세계의 단편적인 점[110]을 넘어선 영역에서만이, 절대적 실재, 절대적 선인 "**존재하는 그 무엇**"을 만날 수 있다고 그들은 믿는다. 그러므로 "위를 지향하는 길"은 *부정의 길(via negativa)*이다. 절대성은 상대성이 철저히 뒤에 남겨질 때만이 이해될 수 있다. 어떤 불완전자를 추가해서 완전자에 도달할 수 없다. 유한자의 어떤 총합으로도 무한자에 오를 수 없다.

이런 오래되고 인상적인 해석에 관한 신비주의자의 과업은 인간 이성의 힘이나 정상적 경험의 단계로 할 수 없는 것을 어떻게 할 수 있을지, 즉 지식의 사다리를 어떻게 초월할 것인지, 정신과 실용적 행동을 어떻게 넘어설 것인지 발견하는 일이다. 그리고 그러한 과업은 '떨리는 빛'이라는 기적적인 상승도약에 의해서 이런 절대적이고 완전한 실재와 직접 접촉하는 것을 어떻게 하는지 발견하는 일이다. 이러한 접촉은, 우리가 정상적으로 생각하고 활동하고 살아가는 영역을 넘어서 '고독한 영혼이 유일한 존재에게 날아오르는 것'이다. 어떤 구체적 사실이나 행위를 응시하는 것에 초점을 맞추는 한, 그는 유한하고 불완전한 것에 바쁘게 된다. 어느 좋은 날, 그 사람이 감각과 지성의 빈약하고

---

110) 물질의 최소 단위가 양적인 입자라고 할 수 있다. 물질의 최소 단위를 쪼개고 쪼개서 찾다 보면 최근에 탑 쿼크에 이르렀다. 저자는 이런 물질적 최소 입자만으로 참된 실재를 해명할 수 없다고 본다. (역자 주).

뭉툭한 사다리를 걷어차고, 이 세상에 속하는 사물들을 뒤에 버리고 본질적인 완전자의 순수한 비전으로 뛰어오를 때만, 자신의 목표에 도달할 수 있다. 그러한 관점은, 창조가 진리를 위해 신음하고 수고해온 것만큼 긴 역사를 갖는다. 신비주의자는 완전자가 불완전자를, 무한자가 유한자를, 영원성이 시간성을 초월해서 존재한다는 보편적인 관점을 다른 사상가들과 공유한다. 그밖에 다른 지속적인 형이상학적 관점은 획득되지 못했다. 아리스토텔레스는 부정의 방식이 갖는 약점에 주목했지만, 결국 어쩔 수 없이 그것에 굴복했다.

6

나는 지난 강의에서 플라톤 철학이(플로티노스 철학도 마찬가지지만), *부정의 길(via negativa)*이 의존하는 "이중세계" 이론보다 더 깊고 참된 해석에 열려있음을 보였다. 그러나 플라톤에 대한 공식적이고 전통적인 해석이 플라톤에게 이중세계 관점과 사유의 부정적 전환을 부여하는 것도 사실이다. 내 해석이 확실히 플라톤의 말이나 사유를 부당하게 왜곡시키지 않을지라도 우리 시대의 사유로 다시 읽어서 다른 빛깔을 덧칠할 수 있다는 것을 솔직히 인정하고자 한다. 그러나 위대한 신비주의자 어느 누구도 부정의 길을 일관되게 고수하지 않으며, 어느 누구도 "순수한 부정주의자"가 아니라는 것이 언급되어야 한다. 발생한 "체험" 자체는 항상 적극적이고 설득력이 있어서 당장 신비주의자를 긍정적으로 만든다. 우리는 하나의 표본으로 아우구스티누스의 충격적인 증언을 듣는다. "사물의 실재는 내가 나 자신에게 있는 것처럼 나에게 참되게 존재한다."[111]

---

111) 사도행전 4: 2.

신비주의자의 부정은 그들의 신비주의적 체험 때문이 아니라고 나는 말해왔다. 그런 부정은 신비주의자 자신들의 체험을 해석하는 사유 체계에 기인된 것이다. 모든 심오한 사유작용과 깊이를 갖는 모든 삶은 부정의 훈련을 가져야 한다고 더 말할 필요가 있다. 우리가 빵만으로 살 수 없는 것처럼 "예(yes)"만으로도 살 수 없다. "예스 맨"으로 충분하지 않다. 우리는 격렬하고 완고한 반대, 지속적인 *아니오(No)*에 직면하고, 중심적인 씨앗 이외 모든 것을 걸러내는 키질을 견뎌내도록 배우기도 해야 한다. 모든 위대한 신비주의자가 했던 것처럼 우리는 더 나아가서, 신 안에 초월적이고 드러나지 않는 어떤 것이 있다는 사실에 주목해야 한다. 우리가 신에 대해서 아는 모든 것이나, 말할 수 있거나 생각할 수 있는 모든 것을 말할 때, 우리는 아직 실재의 가장자리조차 만지지 못했고, 신의 "넘치는 선"의 진리를 혀 짧은 소리로 말하기 시작했을 뿐이다. 올바른 태도는 그저 얼굴뿐 아니라 자신의 능력, 날개까지 가린 치품천사의 태도일 것이다.

오토 폰 마르부르크 (Otto von Marburg) 교수는 자신의 저서, 『거룩함』 *Das Heilige*[112]에서 종교적 해석에 커다란 공헌을 했다. 그는, 종교의 핵심, 특히 신비적 경험에서 이른바 "본체적 의식(numenous consciousness)"의 상태—고동치는 영혼이 신적이고 신비적이며 말로 표현할 수 없는 것으로 어떤 것의 현존에서 고요하고 떨리는 의미의 경외심—가 있다는 것을 설득력 있게 보여준다. 초자연적이고 신적인 힘을 뜻하는 라틴어 누멘(*numen)*은 그의 책이 굉장히 성공적으로 해석하는 의식의 독특한 상태를 지칭하는 것으로 선택되었다. 지고의 본체적 상태는, 갑자기 나타나는 실재의 위엄, 숭고함, 신비함, 넘쳐남으로 영혼이 압도당할 때 경험하게 됨을 강력히 강조하면서 보여준다. 보이지 않는 것 이상의

---

112) 존 W. 하비에 의해서 *The Idea of the Holy*라는 제목으로 영어로 번역되었다. 원래의 것은 11번째 판이다.

무한한 것을 암시하는 것만으로 충분히 보여 지고, 헤아리거나 획득될수 없는 것 앞에서 영혼이 정적과 경외심으로 침묵하는 것으로 충분히 느껴진다. 초월해 있는 무한성이 그동안 보고, 알고, 존재하는 모든 것을 "무(無)"로 보이게 만든다. 이런 모든 것을 허용하고 모든 위대한 경험에는 중요한 부정적 요소가 있다는 것을 인정하면서 신을 향한 길은 어둠이 아니고 빛이며, 혼돈이 아니고 진리이며, 죽음이 아니고 삶이며, 아니오보다는 예라고 나는 여전히 믿는다. 성 바울이 말한 것처럼 *그리스도* 안에 *예*가 있다(고후 1: 19-20)

  그러한 고대의 형이상학적 대답만이 오직 옳다면,[113] 부정의 길만이 자신의 안식처를 찾는 고독한 순례자에게 추천될 수 있는 유일한 길이라면, 부정의 길은 수정 같은 하늘의 돔처럼 더 이상 *살아있는* 가설이 아니기 때문에 우리 대다수는 끔찍한 고통을 겪을 것이다. 칸트는 우리와 신 사이에 "끝없는 과정"을 설정함으로써 우리를 냉정하게 남겨둔다. 그래서 우리는 유한자를 넘어서 무한자를, 시간적인 것을 넘어서 영원한 것을, 변하는 세계의 범위를 넘어서 순수한 진공인 어떤 곳에서도 신을 발견하리라고 기대하지 않는다. 설사 그렇다 해도 우리는 *신*을 필요로 한다! 그러나 미가 저 "너머"에 있고, 선이 저 "너머"에 있으며, 진리가 저 "너머"에 있다고 말할 이유가 없는 것처럼 신이 저 "너머"에 있다고 말할 이유도 없는 것이다.

  그들은 모두 *여기에* 있고 동시에 *저 너머에도* 있으며, 내재적이면서 동시에 초월적이다. 다시 말해서 저 너머에 있는 것이 이 안에도 있다.

---

113) 궁극적 완전자가 우리가 이 세상에서 경험하는 유한한 불완전자가 아닌 것으로 지시된다. 이성은 완전자를 유한한 존재자에 대한 부정으로서만 규정할 수 있다. 설령 그런 완전자가 보여 진다고 해도 이성적 규정의 차원에서는 다른 긍정적 규정이 불가능하다. 저자는 이런 입장을 부정적 방식을 따르는 태도라고 간주하고 있다고 본다. 이점에서 고대의 형이상학 역시 다를 바 없다고 한다. 이런 입장이 문제가 있다면 다른 긍정적 대안을 제시해야 한다. 저자는 이에 대한 대답을 다음 장에서 제시하고자 한다. (역자 주).

오늘날 무지개의 끝 너머에서 금 단지를 찾는 데서, 곡선이 접근선을 만나는 무한대 너머에서 완전한 행복의 "파랑새"를 사냥하는 데서, 현재 경험하는 이 세계의 흐름이나 과정 너머에서만 발견될 수 있는 신에게서 어떤 흥미를 유발하기는 불가능하다. 우리는 여기서 *신*을 찾아야만 하든지 *신*을 포기하고 먼지와 재의 공허한 세계의 비극을 수용하든지 택일 해야만 한다.

7

내가 이미 말한 대로 두 형태의 신비주의의 차이가 상대적일지라도, 새로운 다른 형태의 긍정적 신비주의자는 적극적 증언을 제시한다. 긍정적이지 않는 부정적 신비주의자가 있을 수 없고, 긍정적이지도 부정적이지도 않는 신비주의자도 없으며, 어렵고 비통한 *부정의 길*을 밟지 않은 어떤 중요한 긍정적 신비주의자도 없으며, 또한 없을 것이다. 리차드 제프리(Richard Jeffry)의 작은 책, 『내 마음의 이야기』(The story of My Heart)에 실린 전형적인 경험을 소개한다. "나는 때때로 내 정신의 모든 힘을 다해 나 자신의 내부를 응시하면서 내 의지로 계속해서 자신에 집중하였고 외적 현상의 모든 지각을 쫓아냈다. 나는 거기에 "*내*"가 있는 것을 발견한다. 전체적으로 이해하거나 알지 못하는 "*나*"이지만, 거기에 땅과 나무, 살과 뼈와 다른 무언가가 있다. 내가 그것을 알아차릴 때 아직 알지 못했던 *삶*의 경계(margin)를, 아주 가깝게, 거의 다가선 듯 느끼게 된다. 내가 파악할 수 있다면, 나에게 엄청난 존재의 숨결을 주고, 내가 지금 인지하는 것만을 실행할 능력을 주는 힘을 마주하고 있다. 물론 이런 힘보다 더 큰 힘이 있을 개연성이 아주 크다. 그런 "*나*"를 보는 것은 *내*가 불멸의 것들로 둘러싸여 있는 것을 아는 것이다." 제프리가 경험한 이런 무한한 "나"는 우리에게 그 *자체*를 드러내면서 치유와 생기회복을 부여하는 윌리엄 제임스가 말한 "우리 자신과 연관된 더 큰 의식"과 동일한 실재이다.

윌리엄 제임스는 1901년에 헨리 란킨(Henry W. Rankin)에게 보내는 편지에서 긍정적 증언의 실체를 아주 잘 주장했다. 그는 다음과 같이 말한다. "우리의 직접적인 자아가 아닌 어떤 것이 우리 삶에 작용한다." "신비적이라는 말을 아주 넓은 의미로 쓸 때, 모든 종교의 근원은 개인의 신비적 경험에 있다. 모든 신학과 교회중심주의는 이차적으로 성장되어 쌓여진 것이다." "이런 신비적 경험을 통해서 우리는 연속적인 일상적 의식보다 더 크고 강렬한 삶의 영역이 존재하는 것을 납득하게 되었다. 거기에서 받는 인상과 충격, 감정, 흥분은 우리가 살아가도록 도와주며, 지각을 넘어선 세계를 확실히 보증해주고, 마음을 녹여 모든 것에 의미와 가치를 전달해주며, 우리를 행복하게 만들어준다. 그것들은 그것들을 갖는 한 개인을 위해 이런 활동을 함으로써 다른 개인들도 _그_를 따르게 된다. 종교는 이런 점에서 절대로 파괴될 수 없다. 철학과 신학은 *이런 실험적 삶*에 자신들의 개념적 해석을 부여한다." 윌리엄 제임스는 유명한 이 편지와 『*종교적 경험의 다양성*』(*Varieties of Religious Experience*)이라는 책에서 "잠재적 자아"를 고양시키고, 그것을 개인적 의식과 그것의 "위대한 동반자" 사이의 소통의 매개로서 취급한다. 그는 이 양자 사이에 '메시지가 뚫고 들어올 수 있는 얇은 칸막이가 있다'고 가정한다.

그러나 신비적이라고 부르는 이런 경험을 갑작스럽고 잠재적인 침입이나 침해로 제한할 이유는 없다. 나는 "얇은 칸막이"의 가능성을 말하는 대신에, 항상 잠재의식을 포함하는 분할되지 않는 전체적 자아의 정신적 가능성과 신비적 능력을 말하는 것을 더 좋아한다. 감추어진 잠재된 삶과 의식적 삶을 나눈다고 가정된 한계선은 인위적 구성이고, 종교적 삶을 본성 전체의 추상적 부분에다 근거 지워서는 안 된다. 어느 순간에도 우리 경험의 초점 안에 있는 것은 무엇이든 항상 우리 안에 거대하게 감추어진 삶과 직접 관계를 맺는 것이다. 모든 지각, 기억, 감정은 잠재된 것으로부터 색깔이 입혀지고, 그 잠재의식에서 경험의 전체 삶의 결실을 가져온다. 때때로 의심의 여지없이 "갑작스런 침입"이 있으나 그들은 우리의 내적 삶에서 더 천천히 잉태된 산물과 같이 더 신성한 것은 아니다. 그 내적 산물은 우리의 신념, 시험받은 신앙, 높은 결심, 오래 참고 친절한 사랑, 조절하는 이념, 영적 태도, 그리스도적 성격에 대한 일정한 경향 등에서 드러난다. 중요한 것은 크고 작은 파편 조각이 아니라 결국 전체 자아이다. 신비적 상태란 "정신이 더 넓고 포괄적인 세계를 관통해서 조감하는 창문"[114]이라고 말한 제임스의 표현은 진리에 한층 더 가깝다.

8

나는 정신적 에너지의 내적 저수지의 수액을 받아내는데 성공해서 신이 가깝게 다가와 직접 작용한다는 확신을 바로 가져다주는 체험을 신비적이라고 부를 것이다. 나에게는 어느 날 유명한 런던 의사를 상담하기 위해 혼자 찾아간 친구가 있었다. 그 친구는 매우 유능해서 그 당시 비범한 문학적 재능을 발휘하기 시작했고 자기 사업에서도 유망한 경력을 쌓을 수 있는 첫 단계에 있었다. 동시에 그는 젊은 동료들이 모인 종교 그룹에서 정신적 리더로 인정받기까지 했다. 그 앞에는 삶을 풍요롭고 위대하게 만드는 모든 것이 놓여 있었다. 그런데 그 의사는 내 친구가 청력과 시력이 손상되어 결국은 기억력도 심각하게 손상될

---

114) 『종교적 경험의 다양성』, p. 428.

이해할 수 없는 질병에 걸렸다고 진지하고 솔직하게 말해 주었다. 그는 자기 삶의 원대한 모든 계획이 아이들의 장난감 블록집처럼 무너져 내린 것을 알고는 의사의 진료실 계단을 내려와서 실신한 것처럼 거리에 서 있었다. 어느 길로 갈까 망설이며 잠시 거기에 서있는데 갑자기 밀려오는 *신*의 사랑이 자신을 감싸며 말할 수 없는 평화로 가득 채워지는 것을 느꼈다. 절망감의 대부분이, 삶 내내 지속되어 특별한 힘과 영향을 주는 한결같은 희망과 기쁨의 의식으로 바뀌기에 충분한 에너지가 그 안에 솟아났다.

매우 다른 또 하나의 유형은 1914년 서거한 가르멜 수녀회 이사벨 다우렐(Isabel Daurelle) 수녀의 경우이다. 그녀는 자신의 신비체험에 대해 썼는데, 많이 요약해서 다음과 같이 소개하고자 한다. "내 영혼 내부로 들어간 셋째 날 저녁 기도 중에 나는 무한한 공간에 둘러싸인 감명을 받아 아찔하게 깊은 심연 속으로 내려가는 것 같았다. *** 나는 하느님이 현존함을 알아차렸다. 하느님은 온화함과 애정으로 가득 차서 나를 응시하고 나에게 친절하게 미소를 보이는 것처럼 느꼈다. 나는 하느님에게 빠져들 것 같았다. 내 영혼은 나를 향한 눈에 보이지 않는 시선을 빤히 들여다보았고 내 마음은 지칠 줄 모르고 되뇌었다. "나의 하느님, 나는 당신을 사랑합니다!"[115]

극단적으로 흥미로운 또 하나는 유명한 철학자이며 심리학자인 폴란 드의 비넨티 루토슬라브스키(Winenty Lutoslawski)의 경우이다. 1880 년에 특별한 상황과 영향 아래 그는 유물론자와 공인된 무신론자가 되었고, 20년 동안 교회와 모든 관계가 단절된 채 불신앙 상태에 있었다. 그 자신의 설명은 이러했다. "1900년 11월 12일 이른 아침 한증탕에 가서 몇몇 학생들과 철학과 정치를 주제로 즐겁게 대화하며 한 시간 이상 머물렀다. 내가 목욕탕을 나왔을 때 갑자기 깨끗한 몸과 순결한

---

115) *Western Mysticism*, p. 16.

영혼 사이의 유추가 내 생각을 붙잡았고, 어떤 의식적인 이유도 없이 거의 자동적으로 작은 프란체스코 수도원으로 들어갔다." 거기서 그가 자신의 삶에 대해 충분히 고백을 하고나자 수도원 신부는 그가 결심한 영성체를 요구했다. 그는 나중에 "갑자기 내 삶을 바꾸는 변화가 왔다. *** 나는 지적으로 이전과 아주 똑같은 상태이다. 모든 것 너머에 사유에 의해 주어지지 않는 친숙한 확실성이 있다. 그것은 말뿐 아니라 사유를 넘어선 아주 형언할 수 없는, 유일한 체험이었고. 그 체험이 곧 바로 나 자신의 삶을 향하고 하느님을 향하도록 모든 태도를 바꾸어 놓았다"[116]라고 토로한다.

에드워드 도우덴(Edward Dowden)은 말로는 표현할 수 없는 자신의 체험을 시로 썼다.

주님 나는 오늘밤 무릎을 꿇고 기도하려고 노력했습니다.
그런데 당신의 사랑은 잠처럼 나에게 다가왔습니다.
그때 모든 욕구는 사라졌고, *오직 당신의 깊은 사랑에 누워*, 빛 속에서의 사유는 석양의 구름처럼 소멸되면서, 온갖 떨리던 소망이 안정을 찾았습니다.
감은 눈으로 당신 품속의 사랑을 느꼈습니다.
나 자신을 다독이며 꿈쩍도 하지 않았습니다.
저절로 즐거움이 사라질 때까지,
마지막에는 내 마음이 소리쳤습니다. "오, 주님 저를 데려가소서.
당신의 말씀대로 저에게 그렇게 하소서."[117]

그는 또 다른 *구원*이라는 멋진 시에서 다음과 같이 지신의 신비체험

---

116) 충분한 해명은 *Hibbert Journal for July,* 1923.에 자전적으로 주어진다.
117) Dowden's Sonnet "Communion."

을 노래한다.

   "영혼은 갑자기 찾아드는 빛으로 솟구치도다."

   후기 저작에서 의심의 여지없이 신비적 자취를 드러내는 웰스(H.G. Wells)는 자신의『첫 번째와 마지막 존재』라는 책에서 이렇게 말한다. "밤의 침묵 속이나 드물게 외로운 순간에 나는 때때로 자신과 자신이 아닌 위대한 어떤 존재와 일종의 교감을 나눈다. 이런 보편적 체계가, 공감하는 인격자와 나와 이룬 교감의 결과이며 두려움 없는 예배의 특성이라고 말하도록 강요받는 것은 아마도 정신과 언어의 빈곤 탓일 것이다. 이러한 순간들은 발생하며, 이것들은 나에게 종교적 삶의 최고의 사실이며, 종교적 체험의 정점이다."

   내 생각에 이것은, 우리가 가장 최상의 순간이라고 부르고 싶은 상태에서 수많은 평범한 남녀가 체험하는 공평한 샘플로 간주될지도 모른다. 갑작스런 "침입"도 없고, 잠재적 자아의 "얇은 칸막이"나 한계를 넘어선 신비적 무선 "메시지"도 없지만, "영혼을 치유하고, 삶에 필수적인 에너지가 神으로부터 오는 더 넓은 영적 의식과 연관되어있는 것을" 발견한다. 이것은 혹자에게는 다른 사람보다 훨씬 더 생생하지만, 모든 진지한 영혼들에게 열려있는 경험이다. 활동의 세계를 끊임없이 대면하고, 만져지고 담보가 되는 사물에서 특별히 *實在*를 찾는 사람들은 "나는 나의 신과 만났다"고 말할 수 있을 때 갖는 승리의 확신이나 영혼의 새로운 솟구침이 내면에 결여되기 쉽다. 그러나 그 반면에 방해가 되는 어떤 유물론적 믿음도 없는 자들, 영혼을 가장 본성적이고 기본적인 실재로 여기는 자들, 고요와 침묵을 사랑하는 자들은, 의식적 *삶*의 거대한 바다에 떠있는 수련의 잎처럼 자신들이 신의 품에 안기어 인간 영혼의 참된 환경이 바로 *신의 영(靈)*이라는 것을 침묵 속에서 자주 느낀다. 그들은 거기에 있었다는 것과

　세상을 먹이는
　샘물이 솟구쳐 오르는 소리를 들었다고 느낀다.

　신비체험을 하는 이들은 삶의 원천이 내면에 자리한다는 확신을 갖는다.

　그것은 헛된 노력이었다.
　내가 계속 응시할지라도
　서쪽에 머무는 그 녹색 빛에 기대어
　바깥에서는 이길 수 있는 형상을 나는 희망할 수 없다.
　열정과 생명은 차라리 나의 내면에 원천을 두기에.

*신*을 실제적 현존으로서 발견하려는 이런 목적은 모든 다른 인간적 성취처럼 기대, 결심, 준비를 요구한다. 삶의 가장 위대한 경험은 변덕이나 우연으로 다가오지 않는다. 그런 체험은 빵나무 열매처럼 나무 아래 앉은 자의 손 안에 우연히 떨어지지 않는다. 1923년 월간 아틀란트(Atlantic Monthly) 8월호에서 그 자신의 변신에 대한 경험을 보고하는 필립 카봇은 말한다. "예배의 가장 깊은 형식은 영혼을 먹이고, 삶의 과정이 *신*의 의지와 참되게 일치하도록 *신*과 교감하는 것이다. 이를 위해서는 "보는 눈"과 "듣는 귀"가 모든 정신적 힘에 철저히 집중되어 개발되어져야 하는데, 이것은 시간이 요구된다. 모든 정신적 감각에 주의해서 침묵과 집중으로 *신*의 말씀에 귀 기울이는 것이 예배자의

자세이다." 이것이 저자 자신의 경험에 따른 아주 건전한 충고이다. *신*과 정신적 우주가 우리 안에서 스스로 드러날 기회를 부여하지 않을 때 신과 정신적 우주가 실제 하지 않는 것으로 보이는 것은 당연하다. 역시 음악이나 예술, 시에 대해 어떤 생각이나 관심을 두지 않는 사람들에게는 그것들이 실제적이지 않는 것처럼 삶에서 *신*을 발견하는데 그렇게 하지 않는 대다수 사람들에도 신이 실제적이지 않는 것이다. 윌리엄 랄프 잉에 학장이 지적한 점도 이와 같다. "만일 우리가 세상일을 생각하고 깨어있는 시간으로 하루 16시간을 보내고 *신*과 영혼을 생각하는데 약 5분을 쓴다면 우리에게 이 세계가 *신*이나 영혼보다 200배 더 실제적으로 보이는 것은 당연하고 불가피하다. 영적 세계가 정말로 실제적이고 중요할지라도 틀림없이 그럴 것이다. 우리가 영적 세계에 대해 거의 생각하지 않는다면 그 세계가 우리에게 실제적이지 않은 것처럼 보인다는 사실은 영적 세계가 실제적이지 않다는 주장과는 다르다. 우리가 생각하지 않는 것들은 항상 실제적이지 않게 보인다. 신이 우리에게 실제적이지 않은 것 같다고 해서 신이 실제적이지 않다고 주장하지 말라. 공정한 기회를 *신*에게 주었는지, 오히려 당신 자신에게 주었는지를 자신에게 물어보라."[118]

　　의사는 "임상 태도"나 기술을 병실에서 곧바로 운 좋게 즉석에서 획득하는 것이 아니라 오랫동안 힘든 실천을 통해서 획득한다. "독수리가 날개 짓으로" 전진하는 것처럼 자신들 목표에 도달하기 위해서 특별히 타고난 재능을 갖는 천재들이 있음은 의심할 여지가 없다. 그러나 삶의 모든 영역에서 대부분의 사람들은 "무릎과 마음과 손의 수고"로 오랫동안 해온 지속적인 집중과 노력으로 기량과 기술, 능숙함과 능력을 습득한다. 삶의 최고의 성취나 *신*에 대한 이런 직접적 확실성은 어떤

---

118) *Religion and Life*(Oxford, 1923), p. 8.

다른 방식으로는 다가오지 않는다. "그것은 당신에게 아주 어려운 것이 아니며, 멀리 떨어져 있는 것도 아니다. 누가 우리를 위해서 하늘로 오르고, 하늘을 우리에게 가져다줄 것인가라고 물어야 하는 것은 하늘에 있지 않다. * * * 당신이 할 수 있는 것은 오히려 당신과 가까이에, 당신의 입 안에, 마음 안에 있다." 그러나 새벽에 일어나 영혼의 모든 창문을 여는 결심을 할 때까지 그것은 단지 가능성으로, 찬란한 꿈으로, "실제적이지 않은" 어떤 것으로 머물러 있을 것이다.

9

우리가 신비 체험의 검증에 대한 중요한 질문을 고려하는 일이 남았다. 신비주의자의 체험이 단지 자신의 주관적 열망의 "투사"로서 맹목적인 흔적이 아니라는 것을 어떻게 알 수 있는가? 그것이 우리 안에 있는 "자기 암시"를 위한 놀랄만한 능력의 무의식적 연장일지도 모르지 않는가? 윌리엄 브라운 박사가 이미 언급한, "기도의 실천"이라는 글에서 한 것처럼, "투사"와 "자기 암시"가 비정상적이고 병적인 현상이며, 최고로 건강하고 정상적인 종교적 경험과 관련해서 이런 용어를 사용하는 것이 타당하지 않다는 것이 우선 지적되어야 한다. 그러나 병적인 사례에서 밝혀진 바, 정신력이 삶의 가치를 추구하는 과정에서 중요한 구성적 기능을 하는 것은 사실이다. 좋은 의미로의 "자기 암시"가 이상적인 가능성을 예견해서 항상 우리를 작동시키고 추동하며, 당위에 대한 예측으로서 "투사"조차도 삶의 정상적이고 건강한 활동 안에 자리를 잡을 수 있다는 것은 내 생각으로는 의심의 여지가 없다.

어쨌든 신비주의자의 체험들이 알려진 병적 현상의 성흔(聖痕,

stigmata)을 갖지 않는다면, 그 체험들을 폄하하기 위해서 병적인 용어를 사용할 근거나 정신적 "구성물"인 것처럼 그것들을 꿈의 부류로 집어넣을 이유가 없다고 주장하는 것으로 충분하다. 신비주의자들의 어떤 체험은 그런 표시를 보여주기도 하지만, 어떤 체험은 보여주지 않는다. 나는 호흡처럼 정상적으로 보이는 역동적인 모든 삶의 질에 분명히 더해지는 경험들을—우주를 지탱하고 우주를 마음의 욕구에 더 가까워지도록 새로 만드는 힘—계속 다룰 것이다. 윌리엄 제임스는 이냐시오 로욜라(예수회 창시자)에 대해서, "그의 신비주의는 그를 확실히 어느 누구보다도 가장 강력한 실천적인 인간 기관차로 만들었다"[119]고 평한다. 이 주장은 신비주의자들의 긴 목록에 대하여 공정하고 믿을만한 진술이다. 성 베르나르도(St. Bernard of Clairvaux)와 죠지 폭스(George Fox)는 그들의 삶에 현존하는 *신*과의 인격적 체험이 행동으로 옮겨져 나타난 도덕적, 영적, 실천적 힘을 보여준 표본이다. 사실상 남녀 그룹으로서 신비주의자들은 성인들만 있었던 것은 아니고, 신과 접촉하는 것을 통해서 행동에 대처해 왔고, 건설적인 과업을 위해서 불굴의 정신과 에너지를 보여 왔다. 신비주의자들은 리더십과 다른 사람들과의 협력을 위한 평정, 분별심, 건전한 능력을 보여 왔다. 병적 의미를 갖는 자기 암시와 투사는 그런 결과를 낳지 않는다. 그것들은 효과도 없고 무익한 것으로 끝난다.

　　오직 한 길만이 실재에 이를 수 있고 그것은 특별한 감각의 길이라고 강조하는 부적격 심리학 학파도 있음을 주목해야 한다. 어떤 경험을 감각적으로 분명하고 지엽적인 기원까지 추적할 수 없다면, 그 경험은 당장 꿈이나 환상, 투사로 무시될 수 있다고 그들은 말한다. 그러한 경험은 어떤 경우에도 진리를 가져오거나 우리가 사는 우주에 대한

---

119) *Varieties of Religious Experience*, p. 412.

지식을 확장할 수 없을 것이다. 그런 방식으로 말하는 사람들은 진리의 건전한 탐구자이기보다는 독단주의자에 속한다. 그들은 어떤 사람도 입증하지 못하고 입증할 수도 없는 것을 *주장한다.* 그들은 지식의 한 방법으로서 감각-경험에 대한 충분하고 설득력 있는 설명을 하지 못해서 권위적 선언의 힘을 전적으로 약화시킨다. 그들이 설명하는 마지막 분석조차 알라딘 궁전 같이 기적적인 것으로 드러난다. 당신은 에테르 진동으로 망막을 문지르지만 아!(놀랍게도) 에테르가 아니라 진리를 본다. 당신은 귓속의 코르더120) 기관을 통해서 파동에 증폭되어 매우 빠르게 영적 순간이라는 사실을 알게 된다. 당신은 손가락 끝으로 어떤 물리적 실체를 만지고 보고, 중대한 정보의 조각을 갖는다. 틀림없이 신비가 바로 거기에 있다! 물론 모든 지식은 그것에 대응하는 감각―요소를 가져야하는 것은 사실일 수 있지만 최종적으로 이런 사실을 주장하기 전에 감각―요소의 본성에 대해 지금 아는 것보다 더 많은 것을 알아야 한다.121) 내가 주장하는 것은 인간의 정신은 거대한 활동이고, 그 정신은 타고난 성향, 창조적 능력, 구조적 경향을 총체적으로 갖고서 진리로 이끄는 모든 경험의 배후나 내면에 있으며, 우리는 아직도 정신의 범위와 영역을 헤아리지 못한다는 점이다.

---

120) 달팽이관의 일부. (역자 주)

121) 전통적인 추상이론에서는 외부에 있는 실재를 외적 감각에 의해서 "감각상"(sensible species)을 형성하고 이를 원천으로 해서 내적 감각상으로서 판타즘(phantasm)을 형성한 다음 여기서 "가지상"(intelligible species)을 추상하여 판단을 내려 실재가 알려진다고 한다. 실재나 본질이 알려지기 위해서는 감각상과 판타즘이 형성되어야 한다. 이점에서 감각상은 실재를 파악하는 필수적 과정이다. 이런 입장이 특정 감각에 의해서만 특정 지식이 알려진다는 주장을 따르지 않는다. 본질을 파악하는 데 이런 감각상이나 감각상의 조합으로서 판타즘이 필요하다. 그렇다고 특정감각에 따른 특정지식이 대응된다고 볼 수 없다. 물론 저자의 인식론은 전통적 추상이론보다는 감각상이 본질을 파악하는 한 계기로 간주하는 플라톤이나 아우구스티누스 인식이론에 더 유사한 것 같다. (역자 주).

아! 영혼 자체에서 분출되었음에 틀림없는
한줄기 빛이요 영광이자 공정하게 빛나는 구름이
온 땅을 뒤덮고 서있구나.
영혼 자체로부터 그리로 보내졌음에 틀림없는
한 마디 향긋하고 힘 있는 목소리가 그의 탄생과 더불어
모든 향긋한 소리들의 생명과 요소들의 동인이 되는구나![122)

우리가 지도원리로서 의지해야 할 것은 지식을 가져오는 경험, 즉 인지적 경험에 소속되어있는 사실이나 객관성에 대한 느낌이다. 우리는 그것이 꿈이나 환상, 주관적 열망과 전혀 다른 것임을 안다. 우리가 지각하는 것이 *거기에* 있다는 것과 그것은 정신 안에 있거나 정신에서 공간으로 투사된 것이 아니라 그 자체로 *실제적*인 참된 대상이라는 것이 확실하게 다가온다. 우리는 참된 대상의 실재성을 시험해 왔다. 우리는 다른 감각으로 그 시험을 시도한다. 우리는 다른 사람들의 증언— 집단 시험을 얻는다. 우리는 그것을 측정한다. 우리는 사진으로 찍는 것 등등의 일들을 하지만, 항상 객관성에 대한 정신의 증언에 삶을 세우고 삶을 걸기도 한다.[123) 그것은 마지막 수단에서 다시 신비일 수밖에 없지만, 거기에 실제로 있고 우리는 그 위에 세계의 기둥을 얹는다.[124)
중요하고 구성적인 형태의 신비적 체험은 객관성에 대한 이와 같은

---

122) Coleridge의 *Ode on Dejection*.

123) 참된 대상이 실제로 있는가는 우리 정신의 객관성에 대한 증언에 달려 있다고 본다. (역자 주).

124) 인간 정신이 참된 대상의 객관성을 파악하고 증언하지만 참된 대상의 궁극적 근거가 모두 파악될 수 없다. 궁극적인 참된 대상은 이성이 개념으로 규정하는 차원을 넘어서 신비적 차원으로 남겨질 수밖에 없다. 이렇게 세계는 신비를 포함한 참된 대상 위에 세워진다고 할 수 있다. (역자 주).

느낌을 갖는다. 그러한 체험들은 꿈과 환상의 흔적을 갖지 않는다. 실제로 *거기에* 있는 어떤 것의 모든 표시와 증거를 갖는다. 이런 객관성은 감각-대상을 시험하는 것처럼 정확히 시험될 수 없는 것이 사실이다. 우리가 신의 실제적 현존을 발견했다고 확신한다고 해서 친구를 불러서 그것을 발견했는지 물을 수 없다. 우리는 증명을 위해 그 확신에 수반되는 도덕적, 영적 효과에 의지하지 않을 수 없으며, 혹은 유사한 경험이 그에게 나타나지 않았는지 알아보기 위하여 우리가 통과한 훈련과 준비를 체험하도록 친구에게 요구하지 않을 수 없다. 그러나 우리가 지금 감각-사실에서 다른 영역으로 움직이고 있는 것을 부인할 수 없는데, (이곳에서는) 시공간의 잘 알려진 틀에서 그룹경험을 표시하는 똑같은 계수[125])와 공통분모를 얻을 수 없다. 우리는 객관성에 대한 강제된 느낌과 변용되고 강화된 삶의 열매가 가져다주는 공개된 증명에 만족해야 한다. *신*과 접촉해 본 사람들이 자신들의 삶에서 하는 것, 사랑을 위해서 겪어야 하는 것, 자신들이 본 진리를 위해서 인내해야 하는 것이 그들 자신이 객관성에 대한 신념을 갖는다는 사실을 뒷받침할 수 있는 가장 확실한 증거이다. "인간의 동력"으로서 고양된 효력, 증진된 역량과 그들을 둘러싼 세계에서 비전을 실천적, 사회적 작용으로 전환시키는 특별한 지도력은, 그들의 체험에 객관적 실재가 *있고* 어떤 *환영*(幻影)이나 환상도 아니라는 믿음을 해명할 수 있는 최상의 증거이다.

나는 다른 곳에서 의욕—노력과 행동을 지향하는 경향과 성향—이 모든 신념 체계에서, 모든 진리 평가에서 작용하는 역할에 대해 논의했다. 우리 안에는 행동하고자 하는 어떤 타고난 갈망, 충동, 쏠림, 경향 등이 있는데, 이것들은 인간 삶의 모든 지적인 과정에서 지배하는 힘이다. "오! 하느님께서는 당신을 위해서 우리를 만들었고, 당신 안에서

---

125) 계수(係數); 물질의 종류에 따라 다르게 주어진 상수. 물질에 따라 고유한 계수가 있다. (역자 주).

우리가 안식을 찾기 전에는 결코 쉴 수 없습니다"라는 아우구스티누스의 위대한 말은 당연히 옳다. 우리가 나온 깊은 *세계*와 *신*을 향한 타고난 열망과 성향이 새롭고 기이하게 **출현**할 수 있다. 이것이 모든 실제적 종교의 근거일 수 있으며, 신비주의자에게서 전성기에 도달하는 이런 경향은 우리의 영적 운명뿐 아니라 영적 혈통의 참된 표시일 수 있다.

단연코 더 많은 수의 신비주의자들이 자신들이 신비주의자*이라*는 사실을 분명히 알지 못한 채 살다가 죽었을 것이다. 그들은 인지적 신비주의자라기보다 능동적 의욕을 가진 신비주의자들이다. 그들은 신의 현존에 관한 명확한 지식의 상태에 도달하는 대신에 신의 현존을 실천한다. 그들은 "나는 나의 신을 만났다"고 외친 페닝턴과 말하는 순간을 주목하지 않는다. 그들은 자기 것이 아닌 에너지와 자기를 초월한 곳에서 밀려들어오는 힘을 자신의 활동을 통해서 차분히 드러낸다. 올리버 크롬웰(Oliver Crommwell)에 대한 로즈베리 경의 좋은 평가는 내가 의미한 것을 잘 표현한다. 그는 크롬웰에 대해서 말한다. "크롬웰은 모든 것이 결합된 가장 어마어마하고 가공할 실천적 신비주의자라고 할 수 있다. 영감에 더하여 강력한 에너지를 소유한 행동가로서 자기 자신의 시내산과 교감하며 사는 그런 사람이다." 자신이 수행한 행동이나 활동, 업적을 그리스도의 가르침으로 거의 변함없이 해석했다. 크롬웰은 행동으로 시작했고 그 의미를 말하는 것으로 끝냈다. 그는 "내가 하는 행동이 나를 증명한다"고 곧잘 말했다. 이것이 "실천적 신비주의자"로 불리는 것이 당연하고, 내가 명명한대로 "능동적인 의욕을 가진 신비주의,"—삶과 행동의 신비주의—이다. 실천적 신비주의야말로 가장 위대한 신비주의이며, 주어진 삶에서 그 힘은 쌓여간다. 실천적 신비주의는 구르는 눈덩이처럼 추진력(momentum)과 힘을 모은다.

10

신비주의에 회의적이거나 비판하는 사람이 인식하는 것보다 훨씬 더 흔한 신비적 체험은, 황홀경이나 기적이 아닌 일상생활의 검증된 사실에서 가장 견고한 지지를 받는다. 도덕적 선이라는 의기양양한 가치에 대한 가장 단순한 믿음, 우리가 갖는 진리는 보편적으로 옳다는 꾸준한 확신, 사랑은 주관적 흥분을 능가한다는 신념, 우리가 지금 여기서 보는 아름다움은 무한하고 영원한 미가 잠깐 나타난 것일 뿐이라는 생각─모든 이런 신념은 다음과 같은 사실에 기초한다. 즉 우리의 유한하고 개별적인 삶은 실제적이고 근본적인 유일한 **영(靈)**과 결합해 있다는 것이다. 다시 말해 이 영은 삶의 기준으로서 모든 자기 초월적 가치의 토대와 원천이 된다. 불모의 사막에 고독한 단절, 격리되어 내버려진다면 우리는 진·선·미·애(愛)의 어떤 신기루도 가질 수 없고 그 삶은 메마르고 위축될 것이다. 물고기가 바다를, 새가 공기를 느끼는 것처럼, 어느 추운 날에 찾아와 함께 걷는 **신**과 연결되어 있기 때문에 우리는 영원성에 사로잡힌 신기한 존재이다. 이런 내적 강화와 기쁨의 체험은, 이해할 수 없는 이 세계의 무겁고 지친 무게를 견디도록 도와주고, 뜻밖에 회복도 허락해준다.

여름 방학 어느 날 나는 친구와 함께 바다의 얕은 바닥에 용골이 좌초된 커다란 배를 띄우려고 애쓰고 있었다. 우리는 여러 실험을 했지만 2톤짜리 배를 들어 올리는 데 실패했다. 마침내 좋은 방법이 떠올라 두 개의 작은 보트를 가라앉혀 좌초된 배의 양쪽에 끌고 왔다. 무거운 널빤지를 좌초된 배의 뱃머리 아래에 가로질러 놓은 다음 가라앉은 두 보트에 움직이지 않도록 고정시켰다. 그 다음 두 보트에서 동시에

물을 퍼내자 물이 들어 올리는 힘으로 좌초된 배가 떠올라 깊은 바다 쪽으로 띄울 수가 있었다. 이와 같은 신적인 부양력이 있어, 우리 중 많은 사람이 자신들의 일상적 삶의 경계를 넘어서 밀려오는 영적 회복을 느낀다. 의심의 여지없이 회복을 가져다주는 한 가지만이 아닌 많은 경험들이 있다. 탐험가가 미지의 것에서 위대한 발견을 할 때마다 신비의 덮개를 밀치고 지식의 영역을 넓히면서 다음과 같이 느낀다.

건장한 코르테스는, 독수리 같은 눈으로
태평양을 바라봤다 — 그의 모든 동료들은 제멋대로 추측하며 서로를 쳐다
보았다.
말없이 다리엔만(카리브 해의)의 높은 봉우리에서.

세계를 떠받치는 지치지 않는 아틀라스처럼, 에너지의 신기한 방출, 기쁜 감정의 발산, 힘에 대한 의식이 뒤따른다. 이미 예치된 진리의 부족한 재고에 뭐라도 채울 수 있는 특권이 어떤 사람에게 주어졌을 때, 손으로 만들지 않은 세계[126]를 세우는데 대대로 도움을 준 사람들의 영속적인 유대감 속으로 자신이 고양됨을 느낀다. 그래서 그는 다른 사람들처럼,

자신보다 위에서 계획했던 위대한 영혼에게
(손을 빌려주었음을 깨닫는다.)

어떤 위대한 아름다운 장면이 영혼에 나타날 때, 특히 유례없이 완전한 음악곡조가 감상력을 가진 귀와 영혼을 가진 사람한테 들릴 때, 왜소한 개인을 통합시키는 듯 한 깊은 감정과 황홀감이 발생하여

---

126) 물질적 사실의 영역과 정신적 가치의 차원을 구분할 때 가치의 차원은 손으로 만들어지는 물질의 영역과는 다른 세계라고 할 수 있다. (역자 주).

그때까지 손대지 않고 쓰지 못한 기쁨과 아름다움이 융합된 세계를 체험한다. 사랑은 더 멀리 나아가고 더 깊어진다. 사랑은 "세상에서 가장 위대한 것"이라고 불리어 왔으며, 하여튼 어느 누구도 사랑보다 더 위대한 것은 아직 발견하지 못했다. 영혼이 아주 멀리 나가게 될 때, 사랑은 가장 황홀한 기적의 하나로, 가장 잘 변화시킬 수 있는 힘 중의 하나로 남을 것이다.

*神*에 대한 이러한 경험들이 모든 다른 에너지의 원천들을 삶의 한 가지 분출로 통합하기 때문에, 죄와 슬픔, 변덕스러움과 좌절을 피할 수 없는 이 세상에서 우리와 함께 하는 *神*의 현존을 잠깐이라도 보는 것은 우리에게 가장 위대한 에너지의 유입, 지금까지 알던 내적 힘의 가장 큰 증대를 가져온다. 신비의 덮개가 열리고, 베일이 벗겨지고, 통찰의 빛이 허용되고, 방향의 행로가 발견되고, 진리는 넓어지고, 근원이 되는 선의 확신이 새로운 힘으로 고양되고, 사랑은 최고의 의미까지 고양된다. 랠프 왈도 트라인(Ralph Waldo Trine)은, "내가 아는 한 경찰관이 근무가 끝나고 저녁에 집으로 가는 길에 여러 번 그 자신이 *무한한 힘*과 하나 되는 생생하고 생명에 관련된 깨달음에 도달하고, *무한한 평화의 영혼*이 너무나 그를 붙들고 충만하게 해서 거의 서있을 수도 없는 듯했고, 밀려오는 물결 덕분에 자신감이 넘치고 생기 있게 된다"[127]고 전해준다. 어떤 사람이 "*神*이 우리를 위해 존재했고," *神*을 통해서 "우리는 정복자를 능가 한다"는 것을 직접 발견하여 생기는 자신감 넘치고 의기양양해진 영혼을 가장 잘 설명해주는 것은, 가장 위대한 긍정적 신비주의자 성 바울에게서 오는 폭발적인 황홀감이다. "나는 확신합니다. 죽음도, 삶도, 천사도, 권세도, 현재의 것도, 미래의 것도, 권능도, 저 높은 곳도, 저 깊은 곳도, 그 밖의 어떠한 피조물도

---

127) *In Tune with The Infinite*, p.134.

우리 주 그리스도 예수님에게서 드러난 하느님의 사랑에서 우리를
떼어놓을 수 없습니다"(롬 8:38-39).

> 내 마음의 기쁨이신 주님,
> 보이지 않는 사물의 영,
> 당신은 나의 염원이며
> 강렬하고 고요하십니다.

> 당신은 나의 행복,
> 나의 용기,
> 세계의 기쁨이신 주님,
> 보이지 않는 사물에 깃든 숨결이십니다.

제6장

삶의 내재적 가치

1

신비적 경험이 일상생활에서 이루어지는 정상적인 도덕적이고 이성적인 과정의 대용품이 아니다. 선지자의 연속적인 명령은 본질적으로 건전하다. "그들은 독수리처럼 날개를 펼칠 것이다. 그들은 달릴 것이고 지치지 않을 것이다. 그들은 걷고 쓰러지지 않을 것이다"(이사야 40:31). 깨달음, 영감, 비전과 관조를 통한 삶의 강화도 매우 중요하지만 인간 삶은 복합적이고 복잡하여 깨어있는 삶의 대부분은 공동 과제, 일상적인 추구나 힘든 노동에서 다른 사람과 관계를 맺어야 한다. 가끔 어려운 상황, 어리석은 대립, 더 나쁘게는 어리석은 도움, 자연 환경, 사회 환경의 완고한 조건들에 직면해서, 우리는 "우리 발로 가는" 삶의 건설적인 계획을 일관되게 수행하는 방법을 배워야 한다. 매일 매일 나타나는 우리의 성품의 힘과 도덕적 행위가 삶의 가치를 이룬다. 그래서 우리는 가치가 무엇을 의미하는지를 분명히 하고, 가능하면 그런 가치들이 어디서 오는지 발견하도록 노력해야 한다. 로버트 밀리칸(Robert Milikan) 교수는, 시카고 대학에서 열린 퀴리 부인의 라듐 원소의 설명회에서 말했다. "세상에서 가장 중요한 것은 도덕적, 정신적 가치가 실재하는 것을 믿는 것이다." 이 언급이 과학적 사실과 방법론에 평생 종사한 과학자의 증언이라 하더라도 과학에 관한 연설 중에서 그는 특별히 가치를 사실보다 더 중요한 순서에 둔다.

"가치"는 무엇을 의미하고, "사실"은 무엇을 의미하는가? 이 두 측면의 구별이 타당하며, 정말 중요한 것인가? 사실과 가치의 구별이 우리의 가장 큰 "분기점" 중 하나이며 근본적으로 중요한 점이라고 개인적으로 믿지만, 이 두 측면의 정확한 의미가, 적어도 일반 독자에게 좀처럼 명확하거나 선명하지는 않다. 그것은 이런 전체적인 문제에 빛을 비춰주는 신호 서비스가 될 것이다. 이 문제를 다루는 많은 책과 논문들은 『요한계시록』에 기술된 내용과 유사한 인상을 우리의 정신에 남긴다. "나는 안팎으로 쓰여 있고, 일곱 개의 도장으로 봉인된 책을 보았다. 하늘이나 지구의 어떤 사람도 그 책을 열 수도 없고 읽을 수도 없다."(계5: 1~3) 사실과 가치 사이의 구별이 실제적이고 근본적으로 중요하다면, 도보여행자도 그러한 구별을 이해할 수 있도록 그것에 관하여 말하는 것이 가능해야 한다. 지렛대나 T.N.T. 폭약을 사용해야만 책에서 진리를 얻을 수 있다면 사람들은 공언된 진리의 가치를 항상 의심하게 된다.

우선 사실(fact)을 고려해 보자. 사실은 긍정적으로, 의심의 여지없이 경험될 수 있고, 거의 틀림없는 검증 시험의 대상이다. 사실은 시간이나 공간 또는 시공간 둘 다의 틀 안에서 일어나는 것이다. 사실은 그 자체를 관찰자에게 강제한다. 사실은 감각을 자극하고, 정신이 사실을 생각하도록 강제한다. 사실은 *거기에*—관찰을 위해 거기에—있는 것이고, 한 특별한 개인뿐 아니라 정상적인 사람 누구나 경험할 수 있는 것이다. 사실은 정확히 기술되어 보고되고 견고한 과학적 체계에 맞춰질 수 있다. 사실은 단지 상상의 이미지나 정신적 구성물과는 현저히 다르다. 후자는 다소 변형되기 쉬운 것이다. 우리는 어느 정도 그것들을 움직이고 바꿀 수 있다. 우리의 정신이 사실을 아무리 끈길 지게 다른 방식으로 원할지라도 사실은 사실이고 사실은 완고하게 *그렇게* 남아있다. 사실은 자신이 존재할 권리를 내세우면서 우리와 만나고 우리가 피할 수 없는 "현실감"을 갖도록 한다.

내가 이미 말한 것처럼 사실은 정확히 기술될 수 있다. 이런 정확한 기술은 다음과 같은 몇 가지 이유 때문에 가능하다. (1) 사실은 선행 원인의 관점에서 설명될 수 있다, (2) 사실은 우리에게 이미 알려졌거나 부분적으로 알려진 보편법칙을 따른다, (3) 사실은 주로 특성상 양적이어서, 수학적 취급을 따른다, (4) 사실은 공동경험의 테스트를 견디어서, 우리와 같은 정상적인 감각의 산물을 소유하거나 공동이성을 공유한 모든 사람이 경험할 수 있다. 관찰과 보고를 위해 시공간의 틀 안에서, 거기에 있고, 한 번은 거기에 있지 않았다면, 또한 단 한 사람에게만 "보이는 것" 이상으로 그룹 경험의 관점에서 기술되거나 검증될 수 없다면, 사실이라고 불리는 "권리"를 획득할 수 없다. 3개의 코를 예로 들어보자. 오른쪽 눈을 감으면 당신의 코는 정상 위치의 왼쪽에서 비스듬하게 보인다. 왼쪽 눈을 감으면 코는 갑자기 오른쪽으로 이동한다. 어떤 사람은 두 눈으로 가운데 코를, 한쪽 눈으로 코의 한쪽 측면을 보면서 세 개의 모든 코를 동시에 볼 수도 있다. *사실*로 간주되는 코는 양쪽 눈이 보는 것이며, 손이 찾는 것이고, 사진사가 보도하는 것이며, 외부 관찰자들이 *그들의* 감각으로 검증하는 그것이다.

우리가 어떤 가정된 사실에 대해 묻는 첫째 질문은 그 사실이 존재하는가, 또는 존재한 적이 있는 가이다. 둘째로, 그 사실이 보편적이고 불변적 체계로 규정되고 조절되며 설명되고 배열될 수 있는가이다. 체계로서 과학은 오직 사실에만 관련되는 것을 목표로 하며, 변덕, 편견과 선호를 제거하려고 노력한다. 그리고 관찰자와 보고자의 특별한 개인적 계수[128]에 의해서 바뀌거나 채색되지 않는 발가벗긴 일련의 사실로서 자신의 세계를 보는 것을 목표로 한다. 사실의 세계는 비인간성으로 환원된 세계이며 인간의 호·불호에서 벗어난 세계이다. 그것은

---

128) 개인의 특성을 다른 사물과 비교해서 수치화한 것. (역자 주).

있는 그대로 일뿐*이다*. 그 세계는 "선"과 "악"의 범주를 사용하지 않는다. 과학 법칙은 동사 "이다"의 관점으로 표현된다. 이른 아침에 정원에서 노는 아이가 "나는 잔디가 젖는 것을 바라지 않아!," "하지만 잔디가 젖어있어!"라고 자신의 유모에게 말하는 것을 우연히 들었다. 그러자 유모는, "그래도 너는 어쩔 수 없잖아!"라고 사실 그대로 대답했다. 이에 아이는 "하지만 나는 잔디가 젖는 것을 바라지 않아요!"라고 마치 단호한 바람이 사실을 바꿀 수 있는 것처럼 아이는 큰 소리로 고집했다.

그러나 현대과학에 익숙한 사람에게는 과학의 분야가 관찰에 한정되지 않는다는 것이 명백하다. 과학이 만약에 감각이 관찰하고 보고하는 것만을 엄격히 다룬다면 빠르게 자멸할 수밖에 없을 것이다. 과학은 과학적 사실을 조직하고 해석하는 것이 필요하며, 이런 조직과 해석의 과정에서 지각된 것뿐 아니라 추상적 개념과 추론된 실재를 사용하여야 한다. 과학의 완성된 체계는 가장 예리한 감각조차도 지각하지 못하는 아주 많은 것들—감각으로는 전혀 *거기에* 있지 않은 정말로 많은 것들—을 포함한다. 예를 들어, 모든 시각적 지각의 원인이 되고 색깔에 대한 모든 경험을 설명하는 에테르의 진동은 그자체로 지각될 수 없다. 에테르의 진동은 추론된 사실이다. 추론된 사실은 우리가 지각하는 사실을 설명하는 데 필요하기 때문에 실제적인 것으로 간주된다. 원자, 분자, 전자, 세포질, 수학의 점, 다른 많은 "실재"들은 우리의 과학적 체계 안에서 어느 누구도 그 형태를 보았거나 만졌거나 맛보지 않은 것이며, 또한 보거나 만지거나 맛볼 수 없을 것이다. 그러므로 우리는 더 큰 사실 체계 안에서 감각이 보고하고 검증하는 것뿐 아니라 이러한 보고된 사실에 이성적 해석을 부여하기 위해 요구되는 것은 무엇이든 포함해야 한다. 사실을 설명하는 데 요구되는 추론된 "실재"를 존 스튜어트 밀은 "경험의 영원한 가능성"이라고 불렀다. 그것은 우리가 사실을 경험하는 적합한 감각을 갖는다면 *발견될* 사실들이다. 더욱 좋게는 그것이 감각이 보고한 것과 연관된 것으로 *정신이 보는* 사실들이다. 어쨌든 기억해야 할 점은, 과학은 항상 해석을 포함하며 단지 지각된 사실의 묶음만이 결코 아니라는 것이다.[129]

"발가벗은 사실"만으로 구성된 세계는 우리가 사는 세계가 아니며, 우리가 즐기는 풍요롭고 다양한 세계가 아니라고 보기 쉽다. 후자의 세계는 가치가 실려 있고 인간적 선호로 가득 차 있으며, 우리는 호·불호를 가지고 세계에 반응하며, 그러한 호·불호가 경험 자체를 덧칠한다. 우리의 세계는 정서와 감상, 목적과 선호가 우리의 사실적, 인지적 능력만큼 자신들의 영역에서 많은 권리를 갖는다. 철학자들은 정서와 감상을 업신여긴다. 철학자들은 *이데아*의 우수성을 인정하고 실제적이고 중요한 모든 것이 사유에 의해 규정된다고 가정해 왔다. 그러나 역사와 드라마는 다른 이야기를 한다. 문명은 결코 한 트랙으로만 나아가지 않는다. 세계 사건들의 위기 순간에 행동과 결정을 이끄는 원천과 계기는 순수하게 지성적이지 않았다. 인도하는 이성을 밑에서 들어올리는 강력한 정서적인 요소가 항상 있어 왔다.

기술(description)의 방법은 인간 경험의 거대한 비옥함을 결코 고갈시키지 않는다. 하늘과 땅에는 우리에게 강력하게 영향을 끼치지만 수학적 방식에 따르지 않은 것들과 기술적(descriptive) 과학이 사용하는 엄격한 틀과 범주를 넘어서서 또 하나의 다른 삶의 수준인 가치의

---

129) 과학이 추론된 실재나 정신이 보는 사실을 포함한다는 점에서 감각적 지각의 묶음만이 아니다. 이런 원리들을 인정하지 않고서는 과학 이론에 의한 사실을 규정할 수 없다. 이런 점에서 과학도 순수한 사실의 차원만이 아닌 이상적 가치의 차원인 개념적 실재를 사용하고 있다. 인간이 어떤 개념적 실재를 적용하여 과학적 사실을 규정할 때 해석의 여지가 생길 수 있다. 그리고 단순히 감각적으로 지각되는 사실이나 과학이론으로 규정된 사실이나 이미 이상적 차원인 개념적 실재에 참여하고 있다. 그러지 않고 물질적 차원만으로는 사실로서의 동일성과 규정성을 가질 수 없기 때문이다. (역자 주).

수준에 속하는 것들이 많이 있다. 그러나 그것은 또 하나의 세계가 아니라, 다만 "또 하나의 다른 수준"이다. 그것은 "인간이 살지 않는 땅"만큼이나 "어마어마한 차이"로 분리되지 않는다. 사실과 가치의 구별에서 갖게 되는 것은 두 세계가 아니라 한 세계를 다루는 두 방식이다. 우리는 두 세계를 동시에 살아가는 수륙양용의 양서류 같은 존재(amphibious)로서 사실 수준이나 가치 수준 어느 곳에서도 살 수 있다. 우리는 *존재* 또는 *당위*에 똑같이 반응할 수 있다.

2

"가치(value)"라는 말은 경제학에서 윤리적이고 정신적 영역으로 전이되면서 그 의미가 심오하게 바뀌었다. 경제 영역에서 가치는 상품의 시장 가격이나 교환가치, 음식이나 주거지, 사치품, 혹은 수많은 다른 목적을 위해 사용된 재화에 대해 매긴 평가와 관련된다. 여기서 가치는 "등가성"을 의미한다. 인격성은 과학에서처럼 경제적 가치의 물음에서 배제된다. 고객과 맺는 관계는 일반적이고 추상적이다. 고객은 단지 제품의 구매자이고 가격의 지불자로서만 "환원"된다. "경제인"으로서 나는, 구매자의 개인적 특성, 즉 인간, 아버지, 남편, 시민으로서 그가 갖는 성격을 안전한 고객으로서 구매자에게 영향을 주지 않는 한 무시한다. 나는 구매자의 정신적 자질에는 관심이 없고 오직 내 상품에 대한 그의 욕구와 지불 능력에만 관심을 둔다. 그래서 경제 가치는 *사실*의 영역에 넓게 속하며, 수학처럼 등식의 관점에서 양적인 것으로 표현된다. "경제인"으로서 내가 알기를 원하는 것은 내 고객이 몇 칼로리의 음식을 필요로 하는지, 그는 구두, 옷, 땅, 채권, 교통을 위해서 무엇을 지불할 것인가이다. 이것은 계산 가능한 명제이고 나는 그 사실을 찾고

의지한다.

윤리적 의미에서 가치 평가는 사실에 대한 관찰이나 기술에 불과한 것과는 매우 다르다. 우리가 내재적 가치 또는 어떤 사건이나 상황의 가치를 평가할 때, 우리는 언급된 사건이나 상황을 우리의 목표나 의도와 관련해서 받아들이고 그것을 더 이상 비인격적으로 간주하지 않는다. 그것은 지금 추상적이고 수학적인 어떤 것으로 취급되기보다는 오히려 유기적으로 우리의 본성과 결합되어 자신의 이성적 정신에 적용되는 어떤 것이다. 워즈워스의 말처럼, 인식하는 정신 안에는 가치의 "강력한 세계"를 "반쯤 지각"하고 "반쯤 창조"하는 독특한 활동이 있다. 인간 경험이 "다른 양서류 수준(other amphibian level)"으로 오를 때,[130] 우리는 견고하고 영원한 근거를 떠나서 변덕의 영역으로 들어가지 않는다.[131] 왜냐하면 가치보다 더 견고하고 생존을 확신할 만한 어느 것도 없기 때문이다. 가치 평가는 너무 풍요롭고 다면적이어서 어떤 하나의 형태로 짜낼 수 없고, 어떤 하나의 방법으로 해석될 수 없는 우리 세계의 다양한 특징들을 다루는 또 다른 방법이다.

가치를 평가할 때 우리는 *존재*를 넘어서 *당위*를 목표로 삼는다. 그러나 존재를 떠나 실체가 없는 꿈이나 투사의 세계로 날아오르는 것이 아니라, 과학이 *기술하는 것*으로 만족하는 세계를 보고 평가하는 새로운 방법을 제시하려고 한다. 우리는 지금 단지 사실이 아닌 의미를 발견하려 한다. 우리는 통찰을 보여주려 한다. 우리는 거기에 있는

---

130) 이 세계는 수학과 자연과학이 적용되는 물질적 특성뿐 아니라 인간 이성이 파악하고 추구하는 이상적인 가치가 공존한다. 인간은 본능적 충동에 따른 행동을 하면서도 이성적인 반성을 통해서 윤리적 가치를 파악하고 실천하기도 한다. (역자 주).

131) 인간이 윤리적 가치를 파악하고 실천할 때 자유의지가 행사되기 위해서는 우연의 영역이어야 한다. 그렇다고 해서 이 영역이 완전히 우연적이고 자의적인 것만이 아니라 진·선·미라는 보편적 원리가 있고, 인간은 이 원리를 따른다고 할 수 있다. 인간이 이 원리를 실천하는 것이야말로 진정한 행복이며 가치 있는 삶이며, 신에게 가까이 가는 삶이다. (역자 주).

것의 *의미*—우리를 위한 의미—를 느끼려 한다. 우리는 더 이상 보고하는 일에 바쁘지 않고, 찬성과 반대를 결정하거나, 마음의 욕망에 적합한 일을 다시 만드는 일에 착수한다. 그러면 가치 평가는 인격적 목적뿐 아니라 이상과 관계가 있게 된다. 평가는 선호를 제시하고, 목표와 기준을 지향하며, 당위를 실현하고자 노력하며, 자신의 존재 이유—내재적으로 선하다고 느껴지는 것—를 추구한다. 그러므로 어떤 의미에서 가치는 사치스럽게 보인다. 만약 삶에 대한 유일한 시험이 육체적 생존이라면 가치는 불필요하다.[132] 가치는 빵, 고기와는 다른 것으로 살아가는 방법의 시작임을 알린다. 가치는, 삶이 "동사 먹다의 길고 우울한 어형 변화" 이상임을 증명한다. 가치는 인격의 의미와 중요성을 시야에서 결코 놓치지 않는다.

가치는, 인간이 *이상적인 방향으로 자신의 세계를 확장*하려는, 즉 무엇이 사실이고, 무엇이 기술될 수 있는가의 범위를 넘어서 살고자 하는 인간의 근본적 경향을 쫓아 자신의 토대와 근거를 갖는다. 그러므로 가치는 삶의 한 형태가 본질적 가치에서 다른 것보다 더 낫다는 것과

---

132) 삶의 의미가 육체적 생존에 있다고 해도 건강한 삶과 병든 삶을 구분한다면 건강한 삶이 더 가치 있다고 할 수 있을 것이다. 육체적 생존 방식에 따라 가치가 다르다는 것을 인정한다고 하더라도 그 근거가 어디에 있느냐는 물음을 피할 수 없다. "건강한 것"과 "병든 것"을 구분하는 기준이 필요하다. 여기서 육체의 차원을 넘어선 가치의 근거로서 "이상적인 원리"를 인정할 수밖에 없을 것이다. 그리고 인간은 이런 근거를 묻고 반성하는 능력으로서 이성을 가지고 있으므로, 이성적 능력을 실현하는 것이야말로 육체적 생존 이상의 가치를 가진다.
저자가 말하는 가치는 진·선·미와 같은 이상적인 정신적 가치다. 만약 이런 정신적 가치를 추구하는 이성적 영혼이 없다면 이런 가치 역시 의미가 없다. 물론 이런 가치적 실재들이 물질적 사실과 다른 차원이지만 양자가 완전히 분리되어 있는 것만은 아니다. 사실들도 가치에 참여하고 있으므로 가치적 실재들도 사실에 내재한다고 볼 수 있다. 양자가 구분되면서도 관계를 맺고 있다. 어떻든 물질적 사실만을 인정한다면 가치 자체가 성립할 수 없다는 것이다. 이성이 없는 동물들이 본능에 따라 더 나은 건강상태를 추구한다고 해서 사실과 구분되는 가치를 추구한다고 할 수 없을 것이다. (역자 주).

행동의 한 방법이 다른 방법보다 더 나은 삶을 확장하고 선을 더 잘 촉진한다는 것을 인식하기 시작하자마자, 더 높은 의미에서 가치가 생긴다.[133] 가치는 자아의 자기 초월적 성격이라는 인격의 본질적 본성에 기반을 두고 또 거기로부터 나온다.[134] 인격으로서의 인간은 가치의 생산자이고 그밖에 다른 곳에서 실제적이든 아니든, 가치는 확실히 우리가 인격이라고 부르는 우주의 부분에서 실제적이다. 이러한 새로운 단계의 출현은 우리 안에 이상이 부분으로 탄생해서 그 이상이 끼친 정서적 영향에 기인한다. 목적의식도 없고, 사유나 선택, 도태 없이 활동이 실행되는 본능의 단계에서는 가치에 대한 감각이 당연히 없다. 가치는 충동이나 본능에 따라 사는 존재의 단계에서 벗어나, 앞뒤를 보고, 선을 느끼며, 유일한 존재로서 자신이 달성하기를 바라는 목적과 삶의 목표를 예측하는 존재로 올라설 때만 출현한다.[135]

본능은 현재의 감각-자극에 관해서만 작동한다. 본능적 행동을 일으

---

133) 한 행동이 다른 행동보다 더 가치가 있다고 한다면 이미 객관적 가치의 기준을 인정하는 것이다. 이런 가치 기준은 불변의 원리이고, 생성 소멸하는 사실의 세계와 차원이 다르다. 이성을 가진 인간만이 사실의 세계뿐 아니라 이와 다른 수준의 가치의 세계에서 살고 있다. 이 가치의 세계는 진·선·미라는 불변의 원리를 갖는 이상의 세계이며, 인간은 자유의지로 이런 가치를 선택하고 추구한다. (역자 주).

134) 인간한테는 본능적 욕구도 있고, 세속적이고 2차적 목적을 추구하는 욕구도 있다. 저자는 이런 욕구와 진·선·미와 같은 객관적인 근본 목적의 추구를 구분한다. 객관적 가치를 추구하는 것이야말로 진정한 가치를 추구하는 것이다. 이러한 가치의 추구는 인격의 본질에서 나오는 것이라는 점에서 본능적이고 세속적인 욕구를 지닌 자아를 초월하는 영역이라고 할 수 있다. (역자 주).

135) 가치는 새로운 목적을 설정해서 추구하는 단계에서 비로소 출현한다. 왜냐하면 아직 달성되지 않은 목적은 양적 성질을 지닌 현재적 사실이 아니기 때문이다. 그러나 설정된 목적이 아직 사실로서 현실화되지 않았을지라도 앞으로 실현될 사물의 성질을 갖는 사실이라고 반박할 수 있을 것이다. 아직 현실화되지 않은 사실을 상상해서 추구할 수 있을 것이다. 그러나 목적이 단지 상상된 것이 아니라 객관적으로 실제하고, 그러한 목적을 추구한다면 이상적인 가치의 세계를 인정하지 않을 수 없다. 저자는 인간이 객관적 이상적 가치를 목적으로 추구하기 때문에 사실의 차원을 초월한다고 말한다. (역자 주).

키는 자극은, 존재하는 사실로서 이미 거기에 있는 어떤 것에 의해서, 또는 공간을 점유하고 감각기관에 충격을 전달하는 어떤 것에 의해서 촉발된다. "앞뒤를 보면서, 없는 것을 탄식하는" 우리와 같은 존재는, 본능적인 피조물이나 원초적 단계에 있는 자신들과는 완전히 다른 질서에 속한다. "새로운" 어떤 것—아직 존재하지 않는 것에 대한 *비전*을 갖고 사는 능력—이 출현한다. 우리는 이제 멀리 떨어진 고려 사항에 의해 영향 받는 존재가 된다. 생명의 진화과정에서 새로운 종을 출현시킨 어떤 돌연변이를 설명하는 것처럼 어려운 일은 아닐지라도 우리를 인간으로 만드는 그러한 특별한 능력이 어떻게 세계의 고랑 여기에 심어졌는지 말하는 것은 쉬운 일은 아니다. 아메바에서 비늘을 가진 어류가 되는 모든 과정과 이전에 여기 없었고 조상의 계보로는 설명할 수 없는 새로운 형태가 출현한 것을 인정하지 않고서는 (인간의 특별한 능력을) 설명할 어떤 방법도 없다. 새로운 형태는 (과거에 속한) 뒤쪽보다 (미래에 속한) 앞쪽에 있는 것과 관련해서 발생한 것"처럼 보인다!"[136] 그것은 우주에서 작동하는 목적론이 깜박이는 불빛처럼 낯설게 보인다! 사실상 나는 사물의 구조 안에 내재된 목적론을 도입하지 않고서는 모든 경험과 실재를 다룰 수 있는 어떤 일관된 방법을 찾을 수 없다. 많은 방법으로 세계는 아직 나타나지 않는 것의 "예비"를 계시하지만, 우리는 목적이나 의도를 언급하지 않고 삶의 어느 단계에 대해 전체를 말할 수 없다.[137] 이 말은 우리가 기계론적 설명을 포기하거나 선행

---

136) 진화를 통해서 등장하는 새로운 형질은 과거에 있던 성질이 아니기 때문에 과거와 관련될 수 없다. 그러면 앞으로 나타날 미래와 관련되는가? 오직 새로운 형질이 우연의 산물이라고 한다면 과거의 조건에서 결정되는 것도 아니고 미래와 관련되는 것도 아닐 것이다. 그러나 단지 우연이라고 할 수 없다면 미리 주어진 목적에 의해서 인도된다고 해야 한다. 이런 점에서 저자는 우주의 진화 과정에 목적론이 개입한다고 보는 것이다. (역자 주).

137) 저자는 기계론적 인과론뿐 아니라 목적론을 받아들인다. 인간이 사실의 세계뿐 아니라 가치의 세계에서 산다는 것은 완성된 목적을 궁극적 가치로 추구한다는

원인에 대한 탐구를 중단하는 것을 의미하지 않는다. 그것은 둘 중의 하나, *양자택일*의 경우가 아니라 두 방법이 모두 해당하는 경우다. 기계론 또는 목적론이냐 어느 하나가 아니라 **둘 다 동시에** 감안해야 한다. 우주는 두 방법을 보여주며 두 방법을 따른다.

어쨌든 아직 사실 세계에 있지 않은 것에 기반을 둔 새로운 능력이 나타났고, 그것은 나이아가라 폭포나 그랜드 캐니언 협곡처럼 오래된 것이고 훨씬 더 경이로운 것이다.[138] 그러한 특성을 분명히 드러내는 유일한 존재인 인간은 그러한 특성을 오직 함축적으로 보이는 낮은 질서의 존재들과 여러 특징을 공유한다. 우선 인간은 다른 물질 덩어리처럼, 삼차원이라는 그런 공간에서 움직인다. 인간은 동식물과 마찬가지로 해와 흙, 공기의 에너지를 획득하고 조직하고 변형시킨다. 그들은 동물처럼 본능을 갖고 유전, 관습, 습관의 형식으로 과거를 축적하고 드러내고 보존하는 능력을 갖는다. 그러나 이 모든 것은 실제 구조를 위한 기초일 뿐이다. 아담의 도래라는 창조의 의미는 이 단계에 이르렀을

것이다. 인간은 객관적 가치를 추구하면서 행동을 하는데 이런 외적 행동이 사실로 나타나게 된다. 예를 들어 가장이 가족 사랑이라는 내적 가치를 추구하기 때문에 가족을 보살피는 외적 행동이 사실로 나타날 수 있다. 이렇게 인간 삶에서 확실하게 적용되는 이런 목적론이 자연에도 적용될 수 있는지 의문을 제기할 수 있다. 이에 대해 저자는 우주의 진화와 발전의 긴 과정에서 목적론의 계기를 볼 수 있다고 한다. 이 세계에 이성을 가진 인간의 등장 자체가 우연이라고 할 수 있는가? 완성된 목적이 주어지지 않고서는 이런 진행이 해명될 수 없다고 본다. (역자 주).

138) 사실 세계에 있지 않던 새로운 능력이 나타났는데, 이런 능력이 전에 없던 새로운 것인데 어떻게 나이아가라보다 더 오래된 것일 수 있는가? 만약 인간이 갖는 "이성적 능력"이 새롭게 나타났다면 인간이 새롭게 나타난 것이다. 이 경우 어떻게 인간이 나이아가라보다 더 오래된 것이라고 할 수 있는가? 자연 세계가 있는데서 인간이 출현되었다고 할 수 있을 것이다. 그러나 인간의 이성적 능력 자체는 사실세계에서는 처음 새롭게 나타났지만, 이런 능력이 새롭게 발생하기 위해서는 그 원천으로서 신적 이성이 미리 있어야 한다. 이런 점에서 이성과 자연의 원천으로서 신적 이성은 자연의 어떤 사물보다 오래된 것이라고 할 수 있다. (역자 주).

때 아직 절반만 보일 뿐이다. 한 사람이 올 때마다 아무리 여기 있어도 그는 단지 공간에 매인 낡은 형태의 개량만이 아니라 뚜렷하게 "새로운 도래"였다. 시간을 통과해서 다다르며 이상적 상황을 붙들고 전에 없던 것을 현실화시키는 능력은, 창조 과정에서 "신기원"— "위대한 분수령" —을 이룬다. 물론 현존하는 사물이나 상황을 초월하고 더 바람직하고 더 가치 있는 것을 예측할 수 있는 존재가 도래할 때 비로소 어떤 의식적 가치가 있을 것이다. 그 능력은 누적적 방식으로 과거를 종합하고 나서 과거를 초월하는 능력을 포함한다. 그것은 신과 공동창조자로서, 아직 존재하지 않은 세계를 스스로 만들 수 있는 존재를 분명히 요구한다. 그는 일정한 범위의 창조적 능력을 가져야 하고 존재하는 것뿐 아니라 당위적인 것을 볼 수 있어야 한다. 바로 이러한 특징만이 인간의 본질적 성격이다. 인간은 유한성을 초월해서 사실상 자신을 초월하며, 자신 안에 계시된 ***초월적인 것***을 날라주는 그러한 의식을 소유한다.[139] 의식은 자신의 한계를 알 때 이미 그러한 한계를 넘어선 자신을 발견한다![140]

3

동물적 본능과 앞뒤를 따지는 인간의 능력—즉 시간이 결합된 경험을 갖는 능력[141]—을 대조시킬 때뿐만 아니라 또한 완전하고 정상적이며

---

139) 인간이 "유한성"을 반성하고 자각한다는 점에서 유한성을 초월하는데, 그러한 반성을 하는 '의식' 안에 계시된 "무한한 의식"이 들어있다. (역자 주).

140) 이성을 가진 인간은 유한성을 자각한다. 인간은 자신이 갖는 의식을 반성하고 한계를 자각한다. 그러한 한계를 자각할 때 이미 그러한 한계를 넘어서는 자신을 발견하게 된다. (역자 주).

141) 인간이 목적을 설정하고 추구하기 위해서는 아직 사실로 존재하지 않는 미래를 예측해야 한다. 이렇게 목적을 추구하기 위해는 사실의 차원을 넘어서며, 과거와

환원되지 않는 경험을 과학적 방법과 대조할 때 가치는 밝혀진다. 과학은 단순화와 환원의 방법으로 세계를 정복한다. 과학은 구체적이고 특수한 것에서 추상해서 모든 조건 아래서 동일하고 "반복적인" 것으로 남는 일반적이고 영원하고 보편적인 측면을 포착한다. 원자, 분자, 생식세포와 같은 추상적 실재가 경험에 나타난 구체적 사물을 대체한다. 생물학자가 보는 "꽃"은 줄기, 씨방, 암술, 꽃잎, 꽃가루 등등과 같은 일반적 형태의 관점에서 틀림없는 사실로 기술될 수 있다. 생리학자가 보는 "인간"은 개념적 부분으로 구성되어, 두렵고 경이롭게 만들어진, 의심할 여지없는 일반적 인간이다. 그러나 계산할 수 없는 모든 관점과 가능성을 가지고 존과 윌리엄을 우리가 직접 만날 때 지각하는 흥미롭고 구체적인 많은 성격들은 빠지게 된다.

우리가 수학적 도형과 단순한 물질 덩어리를 다루는 한, "환원"의 과정은 거의 중요하지 않다. 수학자의 삼각형은 분필로 칠판에 그려진 것이 아니다. 그것은 완전히 곧고 *폭 없는 선(線)*을 갖는, 일반적이고 견본이 되는 삼각형이다. 다른 말로 그것은 볼 수 있는 삼각형이 아니고 "인지된" 삼각형이다. 이런 경우에 차이는 사소해서 무시할 만하다. 우리는 "환원"에서 제거된 것을 그다지 많이 놓치지 않는다. 폭이 없는 변을 가진 삼각형은 분필로 표시된 보이는 변을 가진 삼각형만큼이나 아주 많이 우리를 황홀하게 만든다. 과학이 작업하는 물질 덩어리는 바로 공간을 점유하는 물질이고, 정량적 용어로 완벽하게 기술될 수 있다. 그러나 어떻든 물질 덩어리에 대해 더 많이 말하지 않더라도 우리는 구체적인 것에서 추상적인 것으로 이행하면서 많은 것을 상실했다고 느끼지 않는다. 데카르트는 외적 세계를 연장성, 분할성, 운동성이라는 양적 성질만을 갖는 물질로 환원하는 데 성공했을 때 수학적 정복이라는 중요한 트랙에서 세계를 바라보기 시작했다.[142]

현재, 미래를 구분하는 시간 경험을 가져야 한다. (역자 주).

이런 방법은 사실을 구성하고 실제 결과를 예측하는 거대한 힘을 우리에게 주었지만, 외관상의 진보에도 불구하고 우리는 아직 사물의 깊은 의미나 궁극적 설명에 대하여 별로 아는 것이 없다. 버틀란드 러셀은 말했다: "과학에서 구현된 지식은 점점 더 추상적인 것으로 여겨진다. 우리는 물리적 세계의 구조에 대한 일반적 특징을 알지만 그 구조의 구성 성분에 대해서는 아무 것도 알지 못한다. 우리 지식은, 시각 장애인이 자신의 방에서 나가지 않고 입체 지도에서 손가락으로 얻을 수 있는 지리학의 지식과 같은 것이다. 그러한 사람은 위대한 여행가처럼 정확히 다른 나라에 관하여 말할 수 있지만 그는 자신이 사용한 말들의 의미를 알지 못할 것이다. 그것은 물리학에서도 그렇다. 우리는 물리적 과정에 관하여 어떻게 정확히 말할 것인지를 알지만 우리의 말이 무엇을 의미하는지는 알지 못한다."[143]

그러나 우리가 수학이 최고로 지배하는 존재의 낮은 수준에서 높은 수준으로 뛰어올라 생명과 의식이 나타나는 순간, 과학이 요구하는 환원이 매우 중요한 의미를 갖기 시작한다. 낮은 규모라도 때때로 그렇게

---

142) 사물을 양적 성질로 환원하고 자연법칙을 수치화하여 근대 자연과학은 비약적 발전을 하였다. 그러나 사물이 완벽하게 양적 성질로 환원될 수 있는지는 논란이 제기된다. (역자 주).

143) 가령 예를 들어 우리가 원자를 설명할 때 핵과 전자로 이루어진다고 한다. 원자의 구조를 이해하기 위해서는 원자의 구성 성분을 알아야 한다. 이러한 성분이 핵과 전자라고 한다면 별 문제가 없을 것이다. 그런데 다시 핵과 전자는 무엇이냐고 물으면 다시 구성 성분을 제시해야 한다. 핵은 양성자와 중성자로 이루어진다고 할 것이다. 다시 양성자와 중성자는 무엇으로 이루어지는가 하고 물으면 톱 쿼크라고 해야 할 것이다. 톱 쿼크는 또 무엇으로? 더 이상 대답하기가 어려울 것이다. 이런 "톱 쿼크"라는 말이 실제로 존재하는 구성성분을 의미하는지 의문으로 남겨진다. 물론 과학에서 사용하는 개념들이 실재와 직접 대응하는지, 아니면 다른 개념으로 규정될 뿐인지 논란이 될 수 있다. 여기서 저자는 과학이론에 대한 이해를 시각 장애인이 점자로 된 지리부도를 읽고 이해하는 것과 마찬가지라고 간주한다. 이런 점에서 저자는 과학에서 사용하는 개념이 실재에 직접 대응하는 것이 아니라 다른 개념으로 설명하는 것으로 간주한다. (역자 주).

된다. 과학에 따르면 난로 안에 있는 불은 "산소 원자와 탄소 원자의 결합과, 점점 가스 모양으로 산화되는 산화물의 형성을 통해서 위치에너지가 운동에너지로 전환되는 것"이다. 추운 겨울 저녁 활활 타오르는 참나무 앞에 앉아있는 사람에게는 불에 대한 이런 과학적 설명이, 구체적인 불 자체에 대한 분석되지 않은 충분한 경험을 희석시키고 "환원시키는" 것처럼 보인다. 그러나 그것은 과학이 우리의 풍부한 경험을 다룰 때 일어나는 "환원"에 비하면 아무것도 아니다. 예를 들어 시인의 "꽃"은 생물학자의 꽃과 비교할 때 꽤 다른 대상이다. 전자는 "너무 깊은 생각에 눈물 나게 하고," 후자는 손수건을 사용할 필요 없이 철저히 검토되고 고려될 수 있다. 개념의 단단한 사슬로 보존될 수 있는 것이 아니기 때문에 미(美)는 처리 과정에서 사라진다. 인간 감정에 대한 과학적 설명을 읽은 사람은, "그 감정은 내가 직접 경험한 것과 이상하게 다르게 보인다"고 혼자 생각하게 된다. 풍부하고 미묘한 우리의 많은 경험들이 특수하고 구체적인 측면 때문에 전적으로 그 자체로 그냥 있게 되어, 그 경험들이 과학적 목적을 위해서 추상적이고 일반적이고 반복 가능한 것으로 기술될 때 거의 어떤 것으로도 "환원되지" 못하는 어려움에 빠진다. 이런 환원의 방법은, 우리가 지금 논의 중인 이런 가치를 과학적으로 다루려고 시도할 때 아마 최악에 이르게 될 것이다. 예를 들어 종교에 관한 심리학자의 설명은 과학이 지금까지 착수한 가장 성공하지 못한 모험 중의 하나다. 그 모험은 *이상한 나라의 엘리스*처럼 웃음을 띠고 있지만 얼굴은 잃게 된다. 그러한 방법은 필연적으로 외적이고 분석적이다. 그러한 방법으로는 종교를 기원이나 본능, 행동의 관점에서 보지만 인간 자신의 정신 안으로 들어갈 수 없고, 신과의 교제를 통해 n번째 힘까지 오른 내적 의미, 사랑, 동료애, *삶*의 기쁨어린 탐구를 파악할 수 없다. 우리는 빵 대신에 돌을 얻고 맛있는 좋은 고기 대신에 전갈을 얻는 셈이다(루카 11:11-12).

배제와 환원의 거대한 과정을 고려해서, 우리가 어느 때에 실재에 더 가까이—사물의 영원한 본성에 더 가까이—있는지 의문이 떠오른다. 풍부하고 충분하고 분석되지 않은 직접적인 어떤 경험의 단계에 있을 때인지, 혹은 우리가 일반성의 "핏기 없는 발레"인 일련의 추상적 개념으로 환원된 과학의 형식에서 "어떤 것"을 알 때인지 의문이 든다. 시인의 꽃, 혹은 생물학자의 꽃, 어느 것이 더 실제적인가? 실제로 경험된 정서의 스릴, 혹은 과학자가 하는 머뭇거리는 설명, 어느 것이 더 실제적인가? 성인(saint)의 종교적 체험, 혹은 이에 대한 철학책에 나오는 설명, 어느 것이 마음과 사물의 진리에 더 가까운가? 우리 대부분은 환원되지 않은 경험을 찬성하여 선택한다. 만일 어떤 영역에서 조직하고 조절하고 예측하기를 원한다면, 우리는 의심 할 여지없이 그 현상을 과학적 근거로 환원해야 하고 추상적 개념으로 표현될 수 없거나 차가운 사실로 규정될 수 없는 모든 것을 배제해야 한다. 그러나 만일 살아가고 활동하고 즐기는 것을 원한다면 우리는 구체적이고 흥분하는 경험 자체를 옹호한다. 그것은 사실뿐만 아니라 가치를 갖는 세계를 주장하는 것을 의미한다. 가치, 선호는—승인하든 안 하든—우리의 모든 직접적인 경험을 규정하고 그것에 삶의 관심과 의미, 중요성을 부여하는 색깔을 입힌다.

　나는 "우리는 *가치를 갖는 세계*를 주장해야 한다"고 과감히 반복해서 말한다. 모든 살아있는 사람은 가치를 인식하고 가치와 관련해서 *행동한다*는 것을 아무도 의심하지 않는다. 그러나 더 나아가 가치가 진정으로 안데스산맥과 지브롤터해협처럼 이 세계의 실제적 부분이라는 것을 주장해야 한다. 만일 우리의 주관적 희망과 욕망을 넘어선 하나의 근원까지 가치를 추적할 수 없거나 가치가 진정 우리가 속한 더 깊고 감소하지 않은 우주의 정신적 본성 안에 기반을 두지 않는다면 가치는 시들고 우리를 불행하게 만들고 말 것이다.[144]

남용되지 않는 말이 부족해서 이른바 *충실성*(loyalty)이라고 부르는 삶의 단계에 이르게 될 때 가치는 자신의 정점에서 드러난다. 내가 인지한 충실성은 사실, 유용성, 생존의 수준에서는 고려될 수 없다. 신학자가 그 용어를 사용해 온 것처럼, 충실성은 단지 사실의 세계나, "단지 사람으로만" 구성된 세계에서는 발생할 수 없는 삶의 방식이다. 충실성은 사람이 "개인을 넘어서는" 곳에서, 즉 타인 안에서, 타인을 통해서, 타인을 위해서 자기 자신을 넘어서고 발견하는 곳에서만 출현한다.[145] 충실성은 더 이상 과학에서처럼 추상적 개념이 아니라 달성해야 할 구체적 목적, 또한 자아보다 더 많은 것을 포함하는 목적, 내재적인 목적의 관점에서 삶을 해석하는 것을 포함한다. 공동 이상, 대의명분, 공동신앙, 연합된 사랑은 개인을 융화시켜 고립된 자아, *사실*-자아 너머로 그를 높여 집단 삶에 융합시킨다. 성화(聖化), 헌신은 위대한 용어이지만 경험이나 바다의 조류나 전류, 혹은 선철이나 탄산칼륨처럼 우주의 많은 부분을 차지하는 의지의 태도를 표현한다. 성화, 헌신은 우리에게 가치 있는 세계를 만들고, 우리 같은 사람이 사는데 동의할 수 있는 장소를 만들며, 그들에게 시간을 주면 불행한 지금보다 더 나은 세계를 만들 것이다.

---

144) 가치의 근거가 주관적이거나 피상적이라면 인간에게 진정한 목적을 제시하지 못할 것이다. 인간이 욕구하기에 가치가 있다는 주관주의적 입장은 인간이 진정한 행복을 누리게 하지 못하고 인간을 불행에 빠지게 할 것이다. (역자 주).

145) 이러한 충실성의 단계로서의 선은 개인적 차원의 욕구나 생존, 유용성의 수준을 넘어서 공동선을 추구한다는 것이다. 공동선의 원리는 물질적 성질을 초월하므로 양적 성질을 규정하는 과학의 대상이 아니다. 그렇다고 공동선의 원리가 물질적 성질이라는 사실의 세계와 완전히 분리된 것은 아니다. 이러한 원리가 사실의 세계에 영향을 끼치기 때문이다. 인간이 이런 원리를 선택해서 사실의 세계에 적용하기 때문이다. 더 나아가서 모든 물리적 성질로 이루어진 사실 세계도 궁극적 목적이라는 "선 자체(신, 하느님)"에 영향을 받는다고 할 수 있다. (역자 주).

4

어떤 특수한 가치가, 공간을 점유하고 등식으로 표시되는 사물보다 인간을 더 높은 수준으로 끌어 올리는가? 우리가 본능적인 단계에서 나와 더 높은 기능을 수행할 때 그 변화를 어떻게 드러내는가? 가치를 빼면 『리어왕』에 나오는 구절인, "환상적으로 조각된 무(radish, 채소)"[146] 에 불과한 존재행렬에 (가치가)[147] 어떤 특별한 영광을 더 할 수 있을 까? 인간 삶에 관심과 위엄, 숭고함을 부가하는 대단히 중요한 가치들 을 아주 간단한 목록에 명명할 수 있다. 그것들은 내적으로 선한 우리 세계의 측면들이며, 우리가 자신을 위하여 추구하는 목적들이다. 그것 들은 삶을 양적으로 늘리기보다는 질적으로 고양시키고 풍요롭게 하는 경험들이며, 행복, 진ㆍ선ㆍ미, 사랑, 신 등과 같은 삶의 기본적 실재들 이다.

행복을 쾌락과 혼동해서는 안 된다. 쾌락은 어떤 특수한 경우에 한에서 인생에 가치가 있거나 혹은 그렇지 않을 수도 있는, 순간적으로 지나가는 느낌이다. 어쨌든 쾌락은 눈송이를 따뜻한 손에 쌓을 수 없는 것처럼 전체 합계를 이루도록 보존하고 모으고 더할 수 있는 "항목"이 아니다. 그 반면에 행복은 삶의 본질적 이상을 다소 성공적으로 실현한 것에 따르는 깊은 만족감이다. 우리 삶의 평가에서 행복을 당연한 것으로 느낄 때 행복이 온다. 행복은 쾌락처럼 변덕스럽고 "어쩌다 생기는

---

146) 사람 모양으로 조각된 무와 실제 사람을 무엇으로 구분하는가? 가치가 없다면 환상적으로 머리가 조각된 무와 실제 사람을 구분할 수 없을 것이다. 저자는 사람을 사람이게끔 하는 본질이 무엇인가 묻는다. (역자 주).

147) 가치를 빼면 채소 중 하나인 무에 어떤 영광을 부여할 수 있는가? "가치가"를 생략할 때 이런 의미를 자연스럽게 이해할 수 있다. (역자 주).

것"(episodic)이 아니다. 행복은 자신이 가치 있는 목표를 지향하는 올바른 길 위에 있다는 의식과, 자신이 태어난 이유라고 느끼며 가장 맑은 순간에 전념하는 그런 삶의 달성을 지향하는 도정에 있다는 의식에서 생겨난다. 행복은 조화롭고 통합적이며, 꾸준히 발전하는 인간적 삶—회상할 때도, 바로 지금도, 앞날을 예측할 때도 좋은 삶—을 특징짓는 마음의 상태이다. 그러므로 어떤 사람은 매우 행복하지만 무거운 고통을 겪을 수 있고, 반대로 많은 쾌락을 누리면서도 매우 불행할 수 있다. 이른바 세상의 좋은 것 대부분을 빼앗겼다 해도 그가 참으로 **"행복(felix, 펠릭스)"** 하다면 그 사람의 삶은 대단히 살만한 가치가 있는 것이다. 다른 한편으로 어떤 사람이 행복을 상실했다면 어떤 부, 명예, "성공"의 축적도, 그의 삶을 참된 영광으로 추켜올려주고, 모든 세대가 그가 "복 받았다"고 선언할 자격을 주는 그 한 가지를 보상해 줄 수 없다.[148] 행복은 내재적으로 선하며 동시에 우리를 인간답게 만들어 주는 것으로서 우리 안에 있는 이상적 경향과 선천적으로 결합되어 있다.

행복은 매우 가깝고 친밀하게 미(美)와 관련되어 있다. 아리스토텔레스가 "eudaimonia(에우다이모니아)"라고 하고, 예수는 "지복"이라고 하며, 나는 "행복"이라고 부르는, 사실상 가장 높은 웰빙(well-being)의 실현은 항상 미학적 창조이다. 행복은 미술(fine art)—가장 훌륭한 순수 미술—의 영역에 속한다. 행복한 삶은 완벽하게 아름답다. 그러나 이것은 **"결국 무엇이 미인가?"**라는 까다롭고 어려운 중심적 물음에 직면하게 된다. 누구나 미가 무엇인지 말하기 전까지는 그것을 알지만 그 다음은 누구도 알지 못하는 것처럼 보인다.[149] 확실히 미는 하나의

---

148) 부와 명예를 포함한 어떤 세상의 성공도 참된 행복의 조건이 될 수 없다는 것이다. 인간의 본래 목적인 진·선·미와 같은 객관적 가치를 추구하는 삶이 곧 참된 행복의 길이라는 것이다. (역자 주).

149) 칸트는 인간은 미적 감각을 가지고 있어 보편적인 미적 판단을 내린다고 말한다.

가치로서, 그 경험이 내적으로 선이라고 느끼게 되고, 그것이 우리 정신의 본성에 있는 이상화하려는 특성에서 기인되는 것을 의미한다. 여기서 또 한 번 우리는 절반은 지각하고 절반은 창조한다. 이런 이상화하려는 특성을 배제하고, 공간을 점유하는 사물로서 주어진 대상에 대해 단지 *기술* 가능한 측면에서 보고하면, 나는 *사실*은 갖지만 미는 가질 수 없다. 예를 들어 석양의 구름은, 나의 시신경계에서 에테르 파동의 속도 변화와 분자 변화를 일으키면서 아주 작은 물방울 덩어리가 된다. 미를 바라보는 내가, 기술 가능한 측면에만 그치지 않고 더 나아가 내 앞에 있는 "대상"을 (기술 가능한 방식과) 다르면서 더 풍부한 방법으로 다루기 때문에 미에 대한 감상이 성립한다. 나는 미를, 부분적으로, 분석적으로, 덧셈에 의해 산출된 합계로서 다루지 않고, 어느 정도 전체로서 고려되는 삶에서 행복이 발견되는 것처럼 그 대상의 모든 측면을 하나의 불가분의 전체로서 결합해서 파악한다. 사물은, 아름답기 위해서는 다양성 안의 통일성을 가져야 한다. 미는 불필요한 어떤 것도, 분리된 조각으로서 들어온 어떤 것도, 전체의 통일성을 깨뜨리는 어떤 것도 포함하지 않는 필요 불가결한 전체이어야 한다. 이런 지각 방식은 지각하는 정신 안에 있는 특별한 성격을 포함한다. 보는 자는 지금 더 이상 순서대로 하나씩 보고하지 않는다. 그 대신 그는 어떤 혼합적이거나 개괄적인 힘, 즉 분할된 부분을 넘어서 유기적인 전체로 나아가는 힘을 보여준다. 누구나 정신의 본성으로 과거와 미래를 중대한 *현재의 지속*으로 통합하는 것처럼 *당위로서 어떤 것이 존재한다*는 그런 인상을 우리에게 주기 위해서, 우리는 정신의 본성으로 보고 들을 수 있는

그러나 미의 기준을 정의할 수 없다고 하면서 현상계에 대한 사실적 판단과 구분한다. 그에 따르면 인간은 미를 정의하지 못하면서도 미추를 구분하면서 미를 향유할 수 있다는 것이다. 저자의 이런 언급은 칸트의 입장과 유사한 것 같다. 물론 저자는 칸트와 달리 미에 대한 정의가 불가능하다고 단정 짓지 않고 미라는 객관적 실재가 알려진다고 할 것이다. 미의 원리를 개념적으로 규정하는 것은 어렵다는 것을 인정할지라도. (역자 주).

대상의 시공간적 차원을 넘어 올라가서 서로 잘 맞는 특징들을 파악한다. 미학적인 즐거움은 부분과 분할을 초월하는, 융합되고 통합된 경험에서 우리에게 흔한 모든 이원론—외부와 내부, 자아와 대상, 여기와 저기—을 극복한다. 보는 자는 보이는 대상 안에 살면서 외부성(externality)이 "실제 존재"의 자리를 차지한다고 느낀다.[150]

그러면 사물이 불완전하고 단편적일 때 우리가 하는 행동처럼 하도록 유도되는 대신에,[151] 우리는 갑작스런 마법에 의해 관조적 상태로 던져진다. 우리는 왠지 한계를 포함하는 유한성의 그 흔한 틀을 초월한 것처럼 보이고, 한 순간의 무한성을 느끼면서, 적어도 시간이든 공간이든 유한성의 의식 위로 들어 올려 진다. 삶은 영역을 확장하고 우리는 평소와 다른 자유와 기쁨을 얻는다.

갑자기, 우리는 알지 못한다.
어떻게 살아있는 활기찬 개울물 소리, 향기, 이슬로 왕관을 쓴 들꽃,
잔디에서 뛰어오르는 종달새가 (존재하는지),

우리는 깨어난다.
기쁨과 깊은 놀람,
우리가 서있는 영원한 언덕 아래서

---

150) "보는 자"는 보이는 대상 안에서 "보는 자"로서 기능하며, '보이는 대상'은 보는 자에 의해서 대상으로 존재한다. 이때 "보는 자"는 자기뿐 아니라 대상도 다른 "외부성"에 의해서 실제 존재하게 된다고 느낀다는 것이다. 이렇게 미적 감상은 자아와 대상, 내부와 외부가 분리되지 않고 통합되어 이루어진다. (역자 주).

151) 사물이 불완전하고 단편적일 때는 그만큼 주어진 상황이 불완전하고 문제가 있다는 것이다. 대부분의 경우 인간은 사물을 도구로 이용하여 어떤 목적을 실현하려고 한다. 인간은 어떤 방식으로든 문제를 해결하거나 불완전한 것을 개선하는 행동을 하게 된다. 이에 반해 관조적 체험은 이런 개선을 위한 행동을 하는 것이 아니라 그 자체로 완전한 충족 상태가 되는 것이다. (역자 주).

우리는 아침 바다의
파도소리를 듣는다.
이 땅에 울려 퍼진 진지한 예언들,
열려진 하늘을 향해 하염없이 멀리 기대고 응시하는 동안에도
우리를 에워싸고 있는 수많은 증언들을 듣는다[152]

깊고 변치 않는 애정으로서 *사랑*은 내적으로 선한 것이지 공리주의적
용어로 표현될 수 있는 것이 아니다. 사랑은 공간이나 분자의 운동에서
정확히 해명되거나 기술될 수 있는 형식으로 자신의 본질을 갖지 않는
다.[153] 사랑은 미처럼 *우리 안에* 있는 어떤 것, 의식의 본성 안에 있는
초월적인 어떤 것에 기인되며, 이것은 우리를 고립된 개별적이고 이기적
인 생각을 넘어 가도록 만든다. 우리는 자신을 타자 안에서 먼저 발견한
다. 우리는 삶이 동료애, 우정, 사랑으로 공유되어서야 비로소 "누군가"
가 된다. 우리가 본 것처럼 미(美)는 삶을 확대하고 해방시키고 확장한다.
*사랑*은 더 많은 것을 하는데, 자신에 대한 집중에서 벗어나 다른 사람을
위해서 기쁘게 행동으로 옮기게 한다. 우리가 하는 많은 것들은 *얻고자*
하는 욕망에서 비롯된다. 다른 한편으로 사랑은 나눠 주고 공유하는
것과 관련된 활동을 촉진한다. 사랑이 있는 곳에서는 "자아"가 항상
초월되고 관심의 수준이 자신의 이해타산을 넘어서는 단계로 고양된다.
삶은 여기서 몰입하는 *여분*을 드러내고, 단지 생존의 관점에서 볼 때
여분의 어떤 것이 작용하기 시작한다. 성장, 진보, 힘, 기쁨, 삶의 빛

---

152) Edward Dowden's Sonnet *Awakening*.

153) 사랑을 양적인 물질적 성질로 규정할 수 없다. 사랑을 성적 본능의 발현이나
유전자 보존 본능의 산물이라고 한다면 이러한 사랑은 물질적 성질로 규정하고
있다. 그러나 인간의 사랑에는 이런 측면만 있는 것이 아니고 이웃에 대한 순수한
희생과 배려도 있다. 이런 순수한 사랑을 물질적 성질로 규정할 수 없을 것이다.
(역자 주).

등은 의식을 자기에서 벗어나게 하는 것과 밀접한 관계가 있고, 사랑은 탁월한 방식으로 이렇게 한다.

의식이 오직 인지적이기만 하고 사실만을 다룬다면, 우리가 의미하는 순수한 사랑은 세상에서 발붙일 곳이 없을 것이다. 우리는 사랑을 "설명"할 수 없다. 우리는 사랑을 인과적 틀에 고정시킬 수 없고, 어떤 사람이 애써 시도한 것처럼 사랑을 횡격막의 진동이나 두뇌 피질의 어떤 엽(lobe)의 흥분으로 환원할 수도 없다. 사랑은 우리 의식의—항상 그 자신을 넘어서 살며 그 자신을 초월적인 것에 결합하는—풍요롭고 복잡하며 초월적인 성격에서 그 근거를 갖는다. 인간의 의식은 태어나면서 개별성을 넘어서며 다른 것과 "결합되어" 있다. 인간의 의식은 자신의 경계를 넘어서 살며 오직 다른 것 안에서만, 다른 것을 통해서만 자신에게로 온다. 물론 고려되어야 할 생물학적이고 생리학적 요소가 있지만 그런 요소들은 사랑을 "설명하지" 않는다. 사랑은 사실의 영역이나 수준에 있지 않다; 우리 같은 사람이 개별적 존재의 좁은 둑을 넘쳐 흘러서 여분의 영역에서 사는 것이야말로 진리의 드러남이다. 우리의 가치는 존재를 넘어선, 여기를 넘어선. 나를 넘어선 영역에서 항상 발견된다.[154]

*진리*는 최고 가치 중의 하나이다. 진리는 의견 이상일 뿐 아니라 항상 사실 이상인 것이다. 사실은 거기서 관찰될 수 있는 외적 실재와 일치하는, 단지 여기와 지금만 *있다.* 진리는 지금뿐 아니라 *언제 어디에서나* 그렇게 될 어떤 것을 주장한다. 진리는 *사실*을 넘어서 *당위*로 나간다. 진리는 시간과 공간을 초월하고 사물의 영원한 측면을 파악한

---

154) 인간의 참된 삶은 부와 명예 등을 소유하는 것이 아니라 진·선·미라는 객관적 가치를 추구하는 것이다. 이런 가치를 추구하는 진정한 사랑은 나와 타인이 대립하지 않는 공동선의 추구가 되며, 신에 대한 사랑으로 승화된다. 이런 사랑을 통해서 나는 개별적 존재의 차원을 넘어서며 나와 이웃뿐 아니라 신과 하나 됨에 이르게 된다. (역자 주).

다. 삼각형의 세 각, 원의 원주와 지름 간의 관계에 관한 진리는 영원히 그렇다. 나는 로이스(Royce) 교수의 강력한 예시를 인용할 수 있다. "원을 가로질러 앞뒤로 기어가는 거미는, 만일 거미가 기하학적으로 배치된다면 먼저 이 지름을 재고 연속해서 (같은 원의) 다른 지름을 잴 것이다. 첫 번째 한 지름 위를 따라 기고 나서, 거미는 말할 것이다, '나는 지금 이것이 그 만큼 길다는 것을 알았다.' 다른 지름을 시험한 이후에, 거미는 말할 것이다, '지금 내가 측정한 것이 내가 지금까지 몇 차례 측정한 것인 한, 정확하다는 것을 증명하므로 더 이상 측정할 필요가 없다.' 그러한 거미의 수고는 여러 시간 지속할 것이고, 거미줄의 짜인 실로 표시된 각각이 연속적 측정으로 가득찰 것이다. 거미줄로 짜인 참된 원 자체나, 기하학자가 아는 실제적 공간의 원은, 그 원의 본성이 단지 사건의 연속물 내지는 짜인 실의 연속물일 뿐인가? 아니다. 참된 원은, 시간에 지친 거미가 힘들게 친 모든 거미줄 짓기를 규정해주는, 영속하고 선행하는, 시간을 초월하며, 공간의 본성에 기초를 둔 진리일 것이다."[155]

진리의 경우에 우리는 사실을 넘어서고 초월하는 어떤 것의 관점으로 사실을 해석한다. 사실은 우연적이지만, 진리는 보편적이고, 영구적이며, 바뀔 수도, 뒤집을 수도 없는 영원하고 절대적인 것이다. 유한하고 우연적인 경험의 특수한 항목들은 *정신의 본성*에 근거를 둔 보편적이고 이성적 원리를 통해서 조직되고 해석되며, 그런 원리를 통해서 우리는 모든 흐름과 변화, 시간적 경험의 혼돈 안에서 같은 것으로 남아있는 것을 파악한다. 진리의 근거는 지나가는 사실의 흐름 바깥에 있지 않고, 이성적이고 사유하는 정신의 기초적인 본성 안에서 발견되어야 한다.

다시 한 번 우리는 의식에 "주어진" 것을 넘어서 도약하는, 말하자면 위에서 내려다보며, 자신이 보고 수용하는 것을 초월하는 의식의 형태를

155) *The Spirit of Modern Philosophy*, pp. 61-62.

다룬다. 만일 우리가 한 순간의 감각경험을 넘어 설 수 없고 지식의 도구로서 우리 정신 안에 있는 보편자를 통해서 그러한 감각경험을 해석할 수 없다면 우리는 어떤 지식도 가질 수 없을 것이다.[156] 망막 상을 가진 어린 아이는 자기 어머니가 방에서 움직일 때마다 크기가 변하는 것을 *본다.* 문 밖에서 그녀는 요정 퍽(Puck)의 엄마처럼 작다. 그러나 아기용 침대 옆에 서있을 때 그녀는 아마존의 전사처럼 거대하고 힘이 세다. 그러나 현명한 아이는 크기가 바뀌는 망막의 "보정"을 무시하고 자기 정신의 밖이 아니라 안에 있는, 엄마에 대한 불변하는 영구적인 관념에 따라 자신의 감각-경험을 해석한다.[157] 진리는 항상 사실이 아니라 해석이다. 그러나 그러한 해석이 "진리"인 한 그것은 정신 안에 있는 근본적인 것에 의존한다. 그러한 해석이 감각-자료를 조직할 때 나만의 정신이나 내 이웃의 정신이 아니라 공통적으로 이성적인 정신의 구조에 의존한다. 보고 듣고 만지는 것을 넘어서 뛰어 오를 수 있고 사실을 초월하는 가치로서 사실에 대한 보편적이고 영구적 해석을 산출하는 정신을 갖고 있기 때문에 우리는 "아는 것"이다.

---

156) "이 사람은 하얗다"는 우연적 성질에 대한 규정도 "사람"이나 "하양"이라는 보편적 개념을 사용하지 않고는 내릴 수 없다. 이런 사실에 대한 규정이나 지식이 가능하기 위해서는 지성에 의해서 보편자가 파악되어야 한다. 이런 보편자는 물질적 차원을 넘어서는 불변의 원리다. 저자는 불변의 원리로서 보편자가 사실에 대한 규정이나 해석을 산출한다고 본다. (역자 주).

157) 엄마가 갖는 여러 모습이 변하지만 같은 엄마로서 지속한다. 정신이 엄마의 동일성을 깨닫고 같은 엄마라는 사실을 확립한다. 정신이 이런 개념에 의해서 감각적 사실을 확립하지 않고서는 어떤 지식도 불가능하다. 정신이 감각적 차원을 넘어서는 개념을 통해서 올바르게 해석하여 진리를 확립한다. 이 경우 인간이 상대적이고 주관적인 관점에 따라 사실을 규정(해석)하는 것이 아니라 객관적인 개념을 적용하여 사실을 규정(해석)한다는 것이다. 아이가 여러 가지 크기가 다르게 보이지만 같은 엄마라고 규정할 때 이미 "동일성"이라는 개념을 적용하고 있다는 것이다. 우리에게 알려지는 사실은 그 자체로 독립적이지 못하고 이미 개념에 따른 규정(해석)이라는 점에서 개념이 속하는 가치에 의존한다고 볼 수 있다. (역자 주).

사랑과 진리처럼 행위의 내적 성질인 "선(善)"은 사실의 수준 너머에 있다. 선은 단순한 행위와 다른 것이다. 선은 우리의 기술(記述) 능력을 믿을 수 없게 하고 이해할 수 없게 만드는 훌륭하면서 미묘한 자질이다. 우리가 기술하는 것은 행동이고, 선이 의미하는 것은 행동을 넘어서 더 큰 영역에 놓인다. 과도한 사실주의에 따라 십자가에 처형당하는 예수의 행동의 모든 항목을 기술하는 것은 가능하다. 몸의 모든 움직임이나 로마병사의 야수 같은 학대로 일어나는 근육의 반응들은 기록될 수 있다. 우리는 고통의 순간에 전율하는 살의 떨림에 대해 상세하고 현미경으로 보아야 하는 정도의 자세한 설명을 할 수 있다. 그러나 이러한 모든 도식적 표현은 문제의 본질을 놓칠 뿐이라고 누구나 쉽게 알 수 있다. 영웅주의와 희생의 정신적 자질이 의미하는 것은 행동을 기술하는 데서 발견되지 않는다. 그것은 독특한, 부가된 어떤 것이다. 우리가 "선"에 관해 말할 때, 사려분별, 정확한 계산, 바라는 결과의 숙련된 예측을 의미하지 않는다. 우리는 수학 방정식의 수준—선행에 그만큼의 보상이 주어지고, 자선활동에 그만큼 후광이 주어지는—으로 공리주의적인 생각을 뒤에 남겼다. 그러나 내적인 어떤 것으로서 선은 *그런 것*이 아니다. 선은 이상을 따라야 하고 이상에 의해 행동하게 되는 인간한테서만 나타나고, 나타날 수 있다. 진리처럼 선은 우리 안에 있는 유일한 힘에서 나온다. 그 힘으로 우리는 감각을 통해서 주어진 것을 넘어서 살고, 그 힘으로 *당연히 있어야 할 세계*, 앞으로 우리에게 가장 실제적인 세계를 세운다. 여기에서 늘 그렇듯 가치는 인격체로서 우리 의식의 높고 창의적이며 초월적인 본성에서 태어난다.[158] 우리는 *존재하는 것*, 즉 사실을 초월해서 살아갈 수 있기 때문에

---

158) 인간 이성은 물질적 사실을 넘어서 인간이 실현해야 할 세계를 목표로 삼아 추구할 수 있다. 이렇게 이성은 주어진 사실을 넘어서 객관적 목적에 부합하는 가치를 규정하고 설정할 수 있다. (역자 주).

선할 수 있다.[159]

*종교*는 이런 가치-경험의 삶 중에서 최고 형태이다. 행복, 사랑, 진·선·미와 같은 가치에 대한 표현처럼 가치는 과학이 작용하는 사실과는 다른 수준에 놓인다. 물론 종교도 다른 가치들과 마찬가지로 사실을 부정할 수 없고, 다만 종교는 날카로운 통찰력으로 사실을 이용하고, 꿰뚫어보고, 해석하여, 사실이 암시하는 더 높은 의미를 파악한다. 인간은 오래전부터 이상하게도 신을 "원인"으로 찾는 경향이 있다. 인간은 *신*을 원인의 사슬에서 첫 번째 연결 고리로 가져온다. 그래서 신은 창시자로서 출발자 뒤에 서 있다. 이것은 *신*을 사실의 수준으로 끌어내려 순서 체계 안에 묶어두고는 인과성을 인식하는 소년에게 "그러나 누가 신을 만들었는가?" 하고 묻도록 강요하고, 나아가 회의적으로 인식하는 사람에게 퇴행의 긴 사슬에서 신비적인 마지막 연결고리 없이 지내도록 유도한다.[160] 우리가 보아 온 것처럼 차라리 우주가 우리에

---

159) 사실과 가치는 서로 구분되지만 그렇다고 완전히 분리되는 것은 아니다. 가치는 진·선·미가 성립하는 불변적 원리로서 이성이 파악하는 세계다. 그리고 이런 가치를 원천으로 하여 이성이 사실을 규정하고, 도덕적 실천을 추구한다. 인간 이성과 의지가 작용하여 선의 불변적 원리를 파악하여 도덕적 실천에 나서게 된다. 이렇게 도덕적 실천은 불변적 원리를 따른다는 점에서 사실을 초월한 가치 없이는 성립할 수 없다. 그리고 도덕의 실천은 기계론적 인과 법칙이 적용되는 영역이 아니라 자유의지가 행사된 자유의 영역에서 이루어진다. 이처럼 선의 실천은 자유의지를 갖는 인간이 불변적인 선의 원리에 따라 아직 존재하지 않은 목적이 설정되어 추구된다. 이런 점에서 선의 실천은 인과필연의 결정론에 따르는 사실의 차원을 초월하기 때문에 이루어진다. 물론 이런 도덕적 행동은 신체의 활동을 통해서 이루어지기 때문에 사실의 차원에도 나타난다고 할 수 있다. 가령 어떤 착한 사람이 어려운 이웃을 도울 때 "선의 원리"는 사실 초월적이지만 실제 행동은 사실 차원이라는 것이다. (역자 주).

160) 아리스토텔레스는 신을 순수 현실태로서 운동의 제1원인자이면서 궁극적 목적인으로 간주한다. 여기서 저자는 신을 운동의 제1원인자로 규정하는 것은 문제가 있다고 지적한다. 신보다 앞선 운동의 원인자에 대한 의문을 피할 수 없기 때문이라는 것이다. 저자의 이런 입장이 무에서의 창조라는 그리스도교의 신에 대한 가장 적절한 규정인지는 비판받을 수 있다. (역자 주).

게 드러내는 그러한 가치에서 신을 찾는 것이 더 낫지 않는가? 어느 것이나 실제적이면 그러한 가치들도 실제적이다. 그러한 가치들은 산과 바다와 별 못지않게, 분자와 원자 못지않게, 중력과 전기 못지않게 실제적이다. 그러한 가치들은 사물의 영원한 *본성*에 속한다. 우리가 빵으로 사는 것보다 더 참되게 *사는* 것은 그러한 가치들을 통해서이고 그러한 가치들에 의해서이다. 그러한 가치들은 우리를 세우고 지속하게 하는 에너지이다. 그러한 가치들은 우리를 전진시키고 삶을 전개하고 발전하는 것으로 만든다.

"그 삶은 우리를 위해서 그리고 더 많은 것을 위해서 내일을 내다본다."

우리를 인격체로 만드는 것은 바로 가치판단의 힘이 비롯되는 이상을 추구하는 경향이다; 우리 안에 있는 그러한 창조적 핵심은 살과 피가 아니라 영혼이다. 영혼은 우리 안에 있는 신과 가장 유사한 특성이다. 나는 사물 뒤에 있는 원인으로서가 아니라, 가장 높고 모든 것들이 앞을 향하여 움직이는 이상이나 목표로서 *신*을 찾는다. *신*은 우리의 노력을 완성하는 *오메가*(궁극적 경지)이다. 신은 우리가 되기를 열망하는 존재이다. 우리가 신과 가장 충실하게 닮으려고 할 때 가장 참된 인간이 된다. 신은 모든 가치의 영적 근거이고 토대이다. 우주에서 목적을 가진 모든 것은 신 안에서 표현된 자신의 *의미*를 발견한다. 우리는 시간적 순간을 초월하고 더 넓은 통합성에서, 더 완전한 전체에서 살아가기 때문에, 이미 본 것처럼 가치를 경험할 수 있다. 우리는 그 본성 안에서 초월을 수반하는 의식 형태를 갖는다. 유한한 목초지 안에 우리를 조용히 붙잡아 두는 어떤 울타리도 없다. 우리는 항상 다음 영역으로 넘어간다. 우리는 항상 경계와 한계를 초월한다. 여기에 우리의 비극이 자리하지만 동시에 우리의 위대함의 원천이 있다. 여기에서 우리는 행복과 사랑, 진·선·미의 원천의 오메가로서 궁극적인 신과 연합하게 된다. 우리는 가끔 신에게 너무 가까이 있어서 신을 찾을 수 없다. 우리는 멀리서 신을 찾는다. 우리는 또 다른 "이중"의 영역으로 나아갈 때 사실의 수준에서 사용하려는 도구를 가져가고, 어떤 지성적인 대답도 할 수 없는 온갖 질문을 한다. 왜 행복이 즐거운지, 왜 철쭉의 아름다움이 우리를 기쁘게 하는지, 왜 이 사랑스런 사람이 사랑스러운지, 왜 가장 가까운 거리가 직선이어야 하는지, 왜 우리는 선한 사람의 희생적 행위에 의해 황홀해 하는지 묻는 것은 어리석다.[161]

그래서 신이 실재한다고 증명하는데, 신을 경험하는 것과 가치를 경험하는 것,[162] 가치들로 가득 찬 우주가 함축하는 것 이외에는 다른 어떤 "논거"도 없다! 우리는 가치들을 발견하고, 가치들과 함께 살아가고, 그 다음 "신의 존재를 믿기 위한 어떤 논거를 보이시오!"라고 말한다. 가치는 항상 신의 계시이다. 가치는 항상 우리를 인도하는 **영혼**을 증명해 준다. 가치는 항상 자신의 유한한 경계를 넘어서 자신을 초월하는 의식의 전형적인 경우이다. 우리 같은 유한한 인간이 우리 안에 영원히 계시된 포괄적 의식(Consciousness)과 결속되고 유기적으로 결합되어 있기

---

161) 왜 직선이 가장 가깝냐고 물으면 직선이니까 그렇다고 대답할 수 있다. 직선의 본질에 의해 직선이 그렇게 정의된다는 것이다. 행복 역시 인간 본성의 실현으로서 즐거울 수밖에 없을 것이다. 인간은 선의 실현으로서 행복을 기뻐하기 때문이다. 인간 지성이 왜 진리를 추구하는가는 질문도 마찬가지다. 인간 지성이기 때문에 진리를 추구한다는 것이다. 지성의 본질에 의해서 진리를 추구할 수밖에 없다는 것이다. 이런 점에서 저자는 이런 물음 자체가 애매하다고 말한다. (역자 주).

162) 신을 경험하는 것이 곧 가치를 경험하는 것인가? 그 역도 성립하는가? 아무리 사실을 초월한 불변의 가치라고 하더라도 모든 정신적 가치를 신과 동일한 것으로 간주할 수는 없다. 그러나 신은 모든 가치의 불변적 원형이며, 원천이라고 할 것이다. 궁극적인 진·선·미는 곧 신을 의미한다고 할 수 있다. 이런 궁극적 진·선·미를 어떤 측면에서 알지 못하고서는 어떤 진리와 선도 파악할 수 없을 것이다. 그래서 객관적이고 불변적 가치를 안다는 것은 그 원천으로서 신을 아는 것이라고 할 수 있다. 그렇다고 가치를 경험하는 것이 곧 신과 하나 됨의 체험을 하는 것이라고 말할 수 없을 것이다. (역자 주).

때문에 오직 가치가 존재할 수 있다. "우리는 이미 자신 안에서 신을 발견했기 때문에 신을 찾는다."[163]

---

163) 인간이 이 세상에서 가치를 확인하지만 아직 그러한 가치의 궁극적 원천으로서 신을 확인하지 못했다고 볼 수 있다. 인간이 알 수 있는 불완전한 가치에 대한 경험에서 출발하여 이런 가치의 궁극적 원천으로서 신의 존재를 추론할 수 있다. 이런 방식의 신 존재 증명이 가능하다. 그런데 저자는 이런 입장과 다르다. 인간이 가변적 사실의 세계를 초월해서 불변적 가치의 세계를 인식할 때 이미 신을 발견한 것으로 간주한다. 불변의 가치를 지닌 이상적 세계는 곧 신의 세계와 다를 바 없기 때문이다. 아직 궁극적 원천으로서 신을 인식하지 못한 채로 그 원천으로서 신을 찾는다고 할 때 이미 신을 발견했기 때문에 이런 추구가 가능하다고 본다. 물론 역자가 보기에 인간이 불변의 가치를 인식할 때와 신과 합일된 체험을 할 때 신을 인식하는 단계가 같다고 볼 수 없을 것이다. (역자 주).

루푸스 엠 존슨(Rufus Matthew Jones, 1863.1.25~1948.6.16)는 20세기에 가장 영향력 있는 미국의 종교 지도자, 신학자, 작가, 잡지 편집자, 철학자 및 대학교수였다. 그는 메인 주 남부의 기독교도 가족에서 태어나 펜실베니아의 하버포드 대학에서 M.A.를 취득한 후, 1901년에 하버드 대학에서 또 다른 M.A.를 받고 1934년 은퇴할 때까지 하버드 대학에서 철학과 심리학을 가르쳤다.

1927년 YMCA의 초청으로 아시아를 여행할 때 다른 종교를 존중하면서 그 신도들을 적극적으로 개종시키지 않으면서 그들에게 인도주의적 지원을 제공하는 새로운 선교 방식을 세웠다.

그는 기독교 신앙의 주요 원리인 신비주의에 대해 광범위한 저서를 남겼다. 부정적 신비주의 (비인격적인 힘과 접촉)와 긍정 신비주의 (개인적 존재와 접촉)를 구별하고 하느님이 사람과 상호 작용을 하는 인격적 존재라고 주장한다. 신비주의의 본질은 사람의 영과 신성한 영이 만나, 서로를 발견하는 개인적인 확신을 얻는 것이라고 한다.

그는 1948년 펜실베이니아 주 하버포드에서 85세의 나이로 사망했다.

≫≫저서 :

The Abundant Life(풍요로운 삶), 1908.
Studies in Mystical Religion(신비로운 종교 연구), 1909.
Selections from the writings of Clement of Alexandria(알렉산드리아의 클레멘트), 1909
The Spiritual Reformers in the 16th and 17th Centuries(16세기와 17세기의 영적 개혁자들), 1914.
The Inner Life(내면의 삶), 1916.
Spiritual Energies in Daily Life(일상생활의 영적 에너지), 1922.
Some Exponents of Mystical Religion(신비주의 종교의 일부 지수), 1930.
Pathways to the Reality of God(신의 실재로 가는 길), 1931.

A Preface to Christian Faith In a New Age(새로운 시대의 기독교 신앙 서문), 1932.
The Testimony of the Soul(영혼의 증언), 1936.
The Eternal Gospel(영원한 복음), 1938.
The Flowering of Mysticism(신비주의의 꽃), 1939.
Spirit in Man(인간의 영혼), 1941
The Radiant Life(빛나는 삶), 1944.
A Call to what is Vital(생명에 대한 부름), 1948.

역자 소개

서병창은 연세대학교에서 서양중세철학 토마스 아퀴나스로 박사학위를 하였다. 이후 연세대학교, 가톨릭대학교, 광운대학교, 이화여자대학교, 서강대학교 등에서 서양중세철학, 형이상학, 종교철학, 서양철학사, 윤리학, 인식론, 논리학, 현대철학사조 등을 강의하였다. 가톨릭대학교, 전북대학교 등에서는 강의전담교수로 있으면서 사고와 논리, 글쓰기, 인간학 등을 강의하였다. 최근에는 서강대학교 신학대학원에서 형이상학과 서양중세철학을 강의하고 있다.

학위 후에 토마스 아퀴나스 형이상학뿐 아니라 윤리학과 인식론에 관심을 가지고 여러 논문을 썼다. 토마스 아퀴나스가 이성과 신앙을 조화시키기 위해서 어떤 이성적 노력을 했는지를 밝히고자 하였다. 토마스 아퀴나스 역시 인간이 어떻게 하면 진리와 자유를 실현해서 진정 가치 있게 살 수 있는지를 탐구한 철학자이며 신앙인이었다. 토마스 아퀴나스 철학을 연구하는 과정에서 『아퀴나스』(시공사, 2000)를 번역하였고, 『신안에서 자립적인 인간』(동과서, 2002), 『토마스 아퀴나스 윤리학』(누멘, 2016)를 저술했다.